ハヤカワ文庫 NF
〈NF525〉

ハーバードの人生が変わる東洋哲学

悩めるエリートを熱狂させた超人気講義

マイケル・ピュエット&クリスティーン・グロス=ロー
熊谷淳子訳

早川書房
8208

THE PATH

What Chinese Philosophers Can Teach Us About the Good Life

by

Michael Puett and Christine Gross-Loh

Translated by

Junko Kumagai

Published 2018 in Japan by

HAYAKAWA PUBLISHING, INC.

This book is published in Japan by

arrangement with

THE MARSH AGENCY LTD

through THE ENGLISH AGENCY (JAPAN) LTD.

JD、スーザン、デイヴィッド、メアリー、ブランノン、コンナー、メグへ

——MP

ベンジャミン、ダニエル、ミア、アナベルへ

——CGL

人能《よ》く道を弘《ひろ》む。道、人を弘むるにあらず【1】

——孔子『論語』

＊1　人能弘道、非道弘人也。（人間こそが道を広められる。道が人間を広めるのではない。）

目次

4 心を耕して決断力を高める——孟子と〈命《めい》〉

ハーバードの人生が変わる東洋哲学

悩めるエリートを熱狂させた超人気講義

はしがき

クリスティーン・グロス＝ロー

二〇一三年のさわやかな秋晴れの朝、わたしはハーバード大学で中国哲学の講座を聴講した。『アトランティック』誌に記事を書くためだ。というのも、この講座はアメリカ人にはなじみの薄いテーマの学部授業にもかかわらず、いかにも学生受けしそうな経済学入門とコンピューターサイエンスに次いで、学内で三番目の人気を誇るというからだ。

壇上に立ったのはマイケル・ピュエット教授。長身で精気にあふれ、年のころは四〇代後半だろう。「ハーバード白熱教室」で知られるサンダースシアターに集まった七〇〇人を超える学生に熱く語りはじめた。人を魅了せずにおかないと評判の教授の講義はちょっと変わっていて、講義資料もスライドもない。毎回、教授が五〇分間ひたすら熱弁をふるう。学生に与えられる課題は、古代の哲学者が残したことば――孔子《こうし》の『論語』、『老子道徳経』、『孟子』など――を英訳で読んでくることだけ。中国史や哲学についての予備知識も興味も必要ない。ただ、中国の古典に虚心に向き合う気持ちがあればいい。この講座は、毎年、最初の授業で教授が大胆な約束をすることでよく知られる。「中国哲学と真摯に向き合うなら、きっときみの人生は変わる」

わたしはハーバード大学で東アジア史の博士号を取得したし、大学院生のときには学部生に中国哲学を教えてもいた。わたしにとってなじみのない題材ではない。ところが、この日、そしてつづく数週間にわたって講座を聴講するうちに、中国哲学の概念にわたしの知りえなかった新奇な息吹がもたらされるさまを目の当たりにすることになった。マイケルは学生に対して、たんに古代哲学者の思想と格闘するだけでなく、自分自身や自分の生きる世界についての根本的な前提を問いなおしてみるよう求めていた。

ハーバード大学の講座にとどまらず、マイケルは世界各地の大学や機関でも中国哲学について講演している。どこで話しても、講演後はかならず聴衆に取り囲まれる。自分自身の人生や現実の問題、たとえば、人間関係や仕事や家族内の葛藤に今回の話を生かすにはどうすればいいかぜひ知りたいという人たちだ。聴衆は、中国の古典思想を知ることが、幸せで有意義な人生のあり方を新鮮な目で見つめなおすきっかけになることにはたと気づく。これまで真実だと思い込んできた大半のものと食いちがうものの見方だ。

そのような見方がよりよい生き方につながったという人は多い。マイケルの学生たちに話をきくと、中国哲学を知って人生ががらりと変わったという実例がいくつも出てくる。

人間関係についての考えが変わり、今では、ごく小さな行動が自分にもまわりの人にも波及効果をおよぼすと意識するようになったという学生もいる。ある学生は言う。「ピュエット教授は、まわりの世界とのかかわり方や、自分の感情との向き合い方に別の可能性があることを見せてくれました。それに、自分に対してもほかの人に対しても、これまで感じたことのなかった穏やかな心のもちようがあることも」

将来さまざまな分野でリーダーになるべき立場にいる有能な若者たちから、中国の古典思想のおかげで人生を左右する大きな決断への向き合い方や生きる道筋がいかに変わったか聞くことができた。選んだ道が金融だろうと、人類学だろうと、法曹界だろうと、医療だろうと、若者たちはそれまで教わってきたものとは異なる手だてと世界観を身につけ、人生の意味をとらえなおし、人生の無限の可能性を感じとっている。ある学生のことばを借りよう。「どうも人は、地位でも居場所でも、なにか究極の目標へ向かって口々を積み重ねて、夢の完成まで階段をのぼっているような気になってしまうところがありますよね。でも、この講義で学んだのは、生き方を変えれば、想像もしなかった可能性に目を向けられるようになるということなんです」

学生の人間形成を方向づけるのは、古代哲学の文言《もんごん》だけではない。マイケル自身がインスピレーションの源だ。謙虚で、思いやりがあり、学生が大成するよう尽力することで知られる。数十年にわたって中国思想に没頭するなかで身についた特質だろう。『教授は中国思想の教えを完全に体現しています」と話す学生もいる。

中国哲学が、それを学ぶ者にこれほど強烈な影響を与えるのはなぜだろう。「自己を受け入れる」とか、「自己を見つける」とか、手順に従って特定の目標を達成するといった観念とは無縁の思想だ。それればかりか、そうしたものとは正反対といえる。具体的でもなければ、決まったやり方もないし、大仰でもない。思いもよらない、まったく予想外の形で土台からすべて変わるということだ。ある学生は、生まれつき身に染みついていると思い込んでいたことがらが本当はそうでないと気づくだけで、どれだけ心が自由になるか話してくれた。「新しい習慣を身につけて、自分のあり方を変えることは、本当に可能なんです。世の中をどうわたっていくか、世界にどう対応するか、他人とどう接するかは変えていける。わたしが学んだのは、習慣、つまり〈礼〉のもつこの力に習熟すれば、勝手に自分を枠にはめて無理だと思っていたものごとでも成し遂げられるということです」

わたしたちは長いあいだ、まちがったレンズを通して中国思想を見てきた。「伝統的な」世界と切り離せない古代の思想であり、そのため、現代のわたしたちの生活には時代遅れだと考えがちだった。しかし、学生たちが証言するとおり、古代の哲学者の教えは、わたしたちが当たり前のように信じてきた通念に疑いをいだかせる。世界とどう向き合うか――他人とどうつき合い、どのように決断をくだし、人生の浮き沈みにどう対処し、どのように他人を感化しようと試み、人生の送り方をどう選ぶか――についての教えは、二〇〇〇年前と変わらず現在も意味をもちつづけている。むしろ、かつて以上に重要になっている。

マイケルとわたしは、中国哲学がすべての人の心に訴えかける力をもっていると思いいたり、そのようなしだいでこの本は誕生した。読み進めるうちに、中国哲学の教えがいかにきみ自身やきみの将来について見つめなおす可能性をひらいてくれるか知っていただけると思う。

はじめに

孔子《こうし》、孟子《もうし》、老子《ろうし》、荘子《そうし》、荀子《じゅんし》。よく聞く名前もあれば、あまりなじみのない名前もあるかもしれない。一人は、官僚出身の師匠で、小集団の弟子の養成に生涯を捧げた。別の一人は、各地を遍歴して諸国の君主に遊説した。死後、神格化された思想家もいる。古代の思想家たちの生涯や著述は、今のわたしたちの目には漠然として、現代の生活とかけ離れているように見える。

なんといっても、二〇〇〇年以上も前に生きていた中国の思想家が、生きることについてわたしたちにいったいなにを教えられるというのだろう。たとえ古代の思想家に思いをはせることがあったとしても、思い浮かぶのは、調和や自然について害のないありきたりのことをとうとうと弁じる泰然自若とした賢人くらいにちがいない。一方、今日のわたしたちは、伝統から解放された現代的で活発な生活を営んでいる。わたしたちの価値観、道徳観、科学技術、文化的な前提は、古代の思想家とはまったく異なっている。

　では、もしこう聞かされたらどうだろう。それぞれの思想家が、どうすればより善良な人間になり、よりよい世界を築けるかを考えるうえで、直観とは根本から食いちがう視点をもたらしてくれるとしたら？　思想家たちのことばと真摯に向き合うなら、古代中国のすばらしい文言に込められた思想の力によって、きみの人生が一変するとしたら？　じつは、これこそがこの本の中心テーマだ。わたしたちとよく似た問題と格闘してきた古代中国の思想家の教えは、よい人生を送る方法について斬新な視点をもたらしてくれる。

　ほとんどの人は、自分の心をのぞき込み、自分が何者かを知り、自分の人生がどうなるべきかを決めるのはいいことだと思っている。だから、どの職業が自分の個性や気質にもっともふさわしいかと思いをめぐらし、どんな相手が自分に似つかわしいかと思案する。そして、本当の自分や、就くべき職業や、運命の相手が見つかれば、充実した人生を送れるものと信じている。本当の自分をはぐくみ、幸せと繁栄と自己実現のための計画をまっとうしようと考える。

　わたしたちに自覚があろうとなかろうと、よい人生を築く方法をこのようにとらえるようになった起源は歴史にあり、とりわけ一六世紀のカルヴァン派の思想に根ざしている。予定説、選民、そして、神は個々の人間がまっとうすべき計画をあらかじめ定めているといった観念だ。カルヴァン派は、儀礼を型どおりで中身がないものと見なし、儀礼に従うことを否定して、人の上に立つ神への心からの信仰を強調した。今のわたしたちは、もはや予定説や選民という次元でものを考えることはないし、なかには神さえ視座にない人もいる。けれども、われわれの現行の思考は、大部分がこうした初期プロテスタントの考えを引きずっている。

今や多くの人は、一人ひとりが特別な個人であり、おのれを知っていて当然だと考えている。自分は本来の自分であるべきで、人の上に立つ神にではなく、むしろ自分自身のなかに見いだした真実に忠実であるべきだと考えている。わたしたちは定められた自己にふさわしい生き方を志す。

しかし、人生を向上させるはずのこの信念が、実際にはかせになっているとしたら？哲学というと、抽象的なものと見なされることが多く、役に立たない概念とさえいわれる。けれども、この本で紹介する思想家たちの強みは、いつも具体的で平凡な日々の暮しの場面を通して教えを説いた点にある。どの思想家も、より大きな変化が生じ、充実した人生がはじまるのは、そうした日常レベルだと考えていた。

これからこの思想家たちを掘りさげていくなかで、ぜひ、きみがもっとも大切にしている観念を問いなおしてみてもらいたい。すとんと腑に落ちる思想もあれば、そうでない思想もあるだろう。書いてあることすべてに賛同してもらおうと思っているわけではない。自分の思想とかけ離れた思想に触れるだけで、よい生き方についての自分の想定が、何通りもある想定の一つにすぎないと気づけるようになる。そして、いったん気づいてしまうと、昔のままの人生にはもうもどれない。

1　伝統から〝解放された〟時代

人類は一九世紀まで、いわゆる「伝統的社会」に生きていた——このような歴史観は、もはや社会通念となっている。伝統的社会では、人は常になにをなすべきか指図された。だれもが既存の社会構造に生まれ落ち、それによって人生が決まる。小作人に生まれれば小作人のままだし、貴族に生まれれば貴族のまま生きる。生まれた家によってどれだけの金と権力をもつかが決定づけられ、そのため、誕生したその日から人生の道筋は定められている。

この話にはつづきがある。一九世紀のヨーロッパで、人はようやくこの呪縛から解放された。ここではじめて、すべての人が自分たちは理性的に思考できる個人なのだと気づいた。人間はみずから決断をくだし、自分の人生をコントロールできる。理性のある生きものとして、かつてない無数のチャンスをつくり出せる。社会通念によれば、この気づきから近代世界が生まれたことになっている。

しかし、因習を打破した人々がいる一方で、そこから置き去りになった文化もあった——と、わたしたちは思っている。多くの人にとって古代中国は伝統的社会の極みであり、そこでは階層と序列の世で生きるために厳格に規定された社会的役割に従うことが求められる。

だから、そのような世界から学べることなどなにもないに決まっている——。

いうまでもなく、伝統的社会というもの、とくに中国に対するこのような解釈は、憧憬《しょうけい》の念をともなうことがある。たとえば、つぎのような具合だ。現代のわたしたちは互いに切り離された孤独な存在だが、伝統的な世界の人々は自分たちを宇宙と調和して生きる者ととらえていた。わたしたちは自然界から離脱し、自然を思いどおりに支配しようとしているが、伝統的な世界の人々は自然の摂理に従って生きようとした。

伝統的な世界をこのように感傷的にとらえるのは、因習を打破していないと見くだすのと同じで、そこからはやはりなにも学べない。たんに郷愁を誘う骨董品かなにかのように扱っているだけだ。博物館でエジプトのミイラを見て、「こいつは興味深い」と思う。古代中国の出土品を見て、「これはまた珍妙な」と思う。見れば好奇心をそそられるが、その時代や、それが象徴する世界にもどりたいとは思わない。伝統的な世界で生きたいとも、そこから教訓を得ようとも思わない。近代的でないからだ。ようやく世界を解き明かしたのはわたしたちであって、彼らではない。

けれども、これから見ていくとおり、わたしたちの「伝統的な」社会に対する固定観念の多くは見当ちがいだ。そして、過去から学べることはたくさんある。

わたしたちの歴史観がはらむ危険性は、人類の歩みの大部分をとるにたりないものとしてかろんじる風潮をまねいてきたことだけではない。現在支配的な思想だけが人間にみずから人生を決定する力を与えたと考え、だから現在の思想だけが正しいと思い込んでしまうきらいがある。

しかし実際は、どうすれば自分で人生を切りひらけるかについてはこれまで幅広い考え方が存在してきた。それを受け入れれば、「近代」とされるものの正体が見えてくる。近代とは、特定の時と場所をもとにつくられたたくさんの物語のうちの一つにすぎない。思い込みを捨てれば、そのあらゆる思想に触れられるようになる。それは同時に、わたしたちのあいだに長らく流布している通説を問いなおすことでもある。

わたしたちは本当に自由を手に入れたのか

わたしたちの多くは自分が本質的に自由だと考え、祖先にはそのような自由はなかったと思っている。一九世紀に伝統的な世界から離脱した西洋人は、その後、世界をどう編成するか自分で決定する力をついに手に入れた。人々は二世紀を費やして、競合するさまざまな政治社会思想に取り組んだ。社会主義、ファシズム、共産主義、民主制資本主義などだ。そして、一つを残してほかの思想の威信が失墜したあと、ついに「歴史の終わり」にたどり着いた。一九八九年にベルリンの壁が崩壊するとともに、世界に秩序をもたらす正しい方法、すなわち人類の繁栄と成功を実現するのにもっともふさわしい方法として、新自由主義が勝利をおさめたかに見えた。

しかし、だとすれば、先進世界で急増している不満や自己中心主義や不安をどう考えればいいのだろう。わたしたちは勤勉が成功につながると教わるが、それでも、貧富の格差は急速に拡大し、社会的流動性は低下している。生活はありとあらゆる夢のようなすばらしい技術によって快適になり、医学はかつてない進歩を遂げたにもかかわらず、わたしたちは恐ろしい規模の環境上、人道上の危機に直面している。数十年を経て、わたしたちの大いなる楽観主義は影をひそめた。もはや、世界を構築してきた自分たちのやり方に以前ほど自信がもてなくなっている。

では、わたしたちはどれだけのことを解き明かしたといえるのだろう。未来の歴史学者は現代を振り返って、繁栄と平等と自由と幸福の時代と考えるだろうか。それとも、二一世紀初頭を無頓着の時代と定義するだろうか。人々が不幸で満たされなかった時代、危機の増大を目の当たりにしながら、実現可能な代替案がないからとなんの対応措置もとらなかった時代だったと。

本書で紹介する中国哲学の文言は、この無頓着の時代に代替案を示してくれる。しかし、代替案といっても理路整然とした政治社会思想などではなく、たとえば民主主義に取ってかわるものとは違う。むしろ、直観とは相いれない、自己や、世界のなかでの自己の役割についての観念だ。その多くは、なんらかの包括的な思想体系に従って生きるという考え方に対抗するなかで練りあげられた。

およそ紀元前六〇〇年から紀元前二〇〇年にかけて、ユーラシアのいたるところで哲学運動や宗教運動が起こり、人類が繁栄するための多種多様の展望がひらけた。のちに枢軸時代と呼ばれるようになるこの精神変革の時代には、ギリシアで発展した思想の多くが中国でも出現したし、その逆の場合もあった。実際、この本でも触れているが、今日の西洋で一般にいきわたっている信条とそっくりなものが中国でも生まれていた。ところが、中国ではそのような思想は敗北し、これに対抗してまったく異なる行路でよい人生へ向かうことを主張する別の思想が出現した。

ここで取りあげるどんな概念も、「西洋」と「中国」を対立させて、これは中国式のものの見方だというとらえ方をすべきではないし、同じように、伝統的な思想と近代的な思想を対立させて考えるべきではない。中国思想をじっくり掘りさげるなかで、人々が近代のずっと以前から世界に秩序をもたらす最善の方法を議論してきたこと、さらには、よい人生を送る方法を考えるうえで、真にかわりになりうる思想があることがわかるはずだ。

トロッコ問題など考えても意味がない

西洋では幸福と繁栄のために計画を立てるとなると、理性に頼るよう教えられ、慎重に計算すれば解答に行き着けるとだれもが信じている。人生の不確実さに直面しても、感情や偏見を乗り越え、自分の経験を測定可能なデータに落とし込めば、チャンスを自在にあやつったり運命に逆らったりできると信じることで安心を得る。道徳・倫理上のジレンマに取り組むとき、もっとも人気のある方法を見てみよう。象徴的な架空の状況を想定し、徹底して理性的に考える。よく知られるトロッコ問題では、まず、操車場にいるところを想像する。そこへ暴走したトロッコが近づいてくる。このままでは線路上にいる五人がひかれてしまう。ポイントを切り替えればトロッコを別の線路に向けることができるのだが、その線路上にはもう一人が横たわっている。はたしてきみは、トロッコがそのまま五人に突っ込んでいくにまかせるだろうか。それともポイントを切り替えて五人を救い、横たわっている一人をひき殺す結果をまねくほうを積極的に選ぶだろうか。

どうするのが正しいことなのか。

この種の問いは、生涯をかけるほど哲学者や倫理学者を夢中にさせている。関連する論文が数えきれないほど発表されているし、書籍さえ出版されている。このシナリオによって、意思決定を単一のデータと択一の決定に単純化できる。意思決定はこのようになされるものだと、わたしたちのほとんどが思っている。

こういった思考実験は古代中国でもおこなわれた。ところが、本書の思想家たちはそれほど興味を示さなかった。よくできた知的ゲームではあるけれど、朝から晩までこのようなゲームに興じても、日々の平凡な暮らしをどう生きるかになんの影響も与えないと見切りをつけ、まったくの役立たずと断じた。

自分は人生をこう生きていると頭で考えていても、それは実際の自分の生きざまではない。自分はこんなふうに決断をくだしていると頭で考えていても、それは実際の自分の流儀ではない。ある日、ふと気づいたら操車場にいて、突進してくるトロッコにだれかがひき殺されそうになっているとしても、きみがどう対応するかは理性的な計算などとはいっさい無縁だろう。このような状況では感情や本能が支配権を握る。感情や本能は、そこまで反射的でない決断をくだす場合にも指針として働き、自分ではとても慎重に理性的に決断しているつもりのとき——夕食はなにがいいかな？　どこに住もうかな？　だれと結婚すべきかな？——でさえ影響をおよぼす。

中国の思想家は、このようなやり方に限界があると気づき、別の方法を模索した。本書の思想家たちにとって、その答えは、本能を研ぎ澄まし、感情を鍛錬し、たえまない自己修養に励むことにあった。そうすれば、やがて、重大な局面であれ、ありふれた場面であれ、個々の具体的な状況に対して倫理にかなった正しい反応ができるようになると考えた。そのような反応は、まわりの人の好反応を引き出すことにもなる。こうしてあらゆる出会いや経験が、新しいよりよい世界を積極的につくり出すチャンスになると思想家たちは説いた。

「ありのままの自分」を受け入れるな

以前の貴族階級を支えた宗教組織が崩壊したあと、枢軸時代の人々は、新たに真実と意味を与えてくれるものを探しはじめた。同様に、今の時代も、わたしたちはこれまでの窮屈な考え方を打破したと感じ、新たに意味を与えてくれるものを探している。高次の真理を内面に求めよと教えられることがとみに増えた。自己実現者の目標は、自己を見つけることであり、内なる真に従って自己の人生を「忠実に」生きることだとされる。

これが危険なのは、だれもが自分の「真」の姿を見ればそれとわかるはずだと信じ、その真実に従って人生を規定してしまうことにある。自己を定義することにこだわりすぎると、ごくせまい意味に限定した自己——自分で強み、弱み、得手、不得手だと思っていること——を基盤に未来を築いてしまうおそれがある。中国の思想家なら、これでは自分の可能性のほんの一部しか見ていないことになると言うだろう。わたしたちは、特定の時と場所であらわれる限られた感情だけをもって自分の特徴だと思い込み、それが死ぬまで変わらないものと考えてしまう。人間性を画一的なものと見なしたとたん、自分の可能性をみずから限定することになる。

しかし、中国の思想家なら、人は単一の均質な存在ではないし、そのようにとらえるべきではないと言うはずだ。たとえば、きみが自分のことを短気で怒りっぽい人間だと思っているとする。「まあ、これが自分だから」とひらきなおって、ありのままの自分を受け入れるようなことはするなと、本書の思想家たちはたしなめるはずだ。いずれわかるように、たぶんきみは生まれつき怒りっぽい人間ではない。おそらく、たんに行動がパターン化してしまい、自分の思う自己像がそのまま自分の特徴になるのを受け入れてしまっているだけだ。もともときみは、怒りっぽくなりうるのと同じだけ、たとえば温和になったり寛大になったりする可能性を秘めている。

中国の思想家は、どの人もみんな複雑で、たえず変化する存在であることに早く気づけと説くにちがいない。一人ひとりに、さまざまな、時に相反する感情の傾向や、願望や、世界への反応の仕方がある。わたしたちの感情は、内にではなく外に目を向けることで引き出される。世間のしがらみを断って瞑想したり旅に出たりしても養われない。日々の営み、つまり他者とかかわったり行動したりすることで実地に形づくられる。言いかえると、ありのままの自分だけが自分なのではない。いつでも積極的に自分自身をよりよい人間へと成長させることができる。

もちろん簡単ではない。自分の力量について、そして本当の変化がいかにして起こるかについて、意識から改革しなければならない。また、一足飛びにできるものでもない。変化は不屈の努力によって徐々にやってくる。鍛錬を積んで視野を広げ、複雑に絡み合いながらその時々で状況を決定づける要因（自分の置かれた人間関係や、つき合っている仲間、就いている仕事など、さまざまな生活環境）を把握し、周囲のあらゆるものとのかかわりを時間をかけて変えていくことが成長につながる。広い視野でさまざまな見地から眺めれば、ゆっくりした真の変化をもたらす行動がとれるようになる。

真の自由は自分が中核の部分では何者であるか発見することで得られるとわたしたちは教わるが、その「発見」こそ、これほど多くの人を無頓着の時代に閉じ込めてきたものの正体だ。わたしたちの行く手に立ちふさがっているのは、わたしたち自身にほかならない。

＊＊＊

それでは、いかに生き、どう世界を秩序づけるか、根本から新たに計画しなおすことになるのだろうか。そうではなく、むしろ本書に登場する思想家は、たびたび日々の暮らしのなんでもないことを通じて自分たちの考えを説明し、日常でこそ大きな変化が起きるのだと説いた。その例にならい、この本では日常的な例をふんだんに交えて古代の思想に命を吹き込んだ。とはいえ、思想家たちは指針を与えるために具体例を引き合いに出したわけではないし、わたしたちにもそのような意図はない。例を引いたのは、その多くをわたしたちがすでに実践していると示すためだ。ただし、あまりうまくは実践できていない。例にあげたような暮らしのなかのなんでもないことを振り返ってみるなかで、中国思想がいかに実用的で実践可能な考えなのかがわかるはずだ。

　この本の題名（原題 *The Path*）は、しばしば中国の思想家が〈道《タオ》〉と呼んだ概念からきている。道は、わたしたちが努力して従うべき調和のとれた「理想」ではない。そうではなく、道は、自分の選択や行動や人間関係によってたえまなく形づくっていく行路だ。わたしたちは人生の一瞬一瞬で新たに道を生み出している。

　道には、本書のすべての思想家が賛同しただろう統一されたとらえ方というものは存在しなかった。思想家たちはそろって当時の社会の慣習に反論したが、人がいかにして人生の行路をひらくかという点では、それぞれが大きく異なるとらえ方をした。それでも、意見が一致する点が一つあった。行路を切りひらく過程そのものが、自分と自分の生きる世界を変える無限の可能性を秘めているという点だ。

2 世界じゅうで哲学が生まれた時代

大きな博物館へ行くと、いくつもの展示室が目にはいる。メソポタミア。古代エジプト。古代ギリシア。ローマ帝国。中世ヨーロッパ。近代ヨーロッパ。どの展示室にも美しい人工遺物がぎっしり並び、展示室をつぎつぎ見ていくと、文明の隆盛をたどることができる。気が向けば別の翼棟へ足を延ばし、インドや中国や日本などの国々に主眼を置いた部屋をのぞいてみてもいい。

わたしたちはたいていこのように、長い時間の流れのなかで独自に発展したばらばらの文明として世界史を学ぶ。

一方、別のタイプの博物館はどうだろう。時代だけで整理、分類した博物館を思い浮かべてみよう。たとえば、展示室の一つを見てまわると、古代ローマのデナリウス銀貨、古代中国の漢王朝の青銅貨、古代インドのマウリヤ朝の打刻印銀貨が展示されている。地理的に大きく隔たっているにもかかわらず、三つの大文明がほぼ同時期に驚くほど似かよった変化を経験していることにたちまち気づくだろう。いずれも帝国を築きあげ、硬貨を基盤とする経済を発展させた。

また、数世紀のちの中世初期に関する展示室へ行けば、キリスト教、イスラム教、仏教の聖なる遺物や建造物を目にするだろう。歴史の同時期に世界の三大宗教が中国とインドと地中海地域を結ぶ交易路に沿って広がり、浸透していったことがありありと感じとれるはずだ。このほうが歴史の展開をもっと正確に描き出すことになる。ヨーロッパとアジアは昔からいつも相互に結びついていたからだ。

孔子とソクラテスとブッダの闘いは同じだった

多くの人は、グローバル化がもっぱら近代の現象だと考えている。科学技術と空の旅が新時代の到来を告げ、互いに閉ざされていた社会がようやくつながるようになったと思っている。しかし、もしそうであれば、孔子とソクラテスとブッダがほぼ同じ二五〇〇年ほど前に似かよった哲学的な問題に取り組んだのはなぜだろう。しかも、三人はまったく異なる土地で生き、互いに遠く隔てられ、話すことばもまるで違っていた。じつをいうと、技術革新や科学技術や思想は、ずっと昔から地球上を移動していた。ユーラシア大陸内のダイナミックな緊張関係と人口移動は、ユーラシア史のかなりの部分を特徴づけてきた。孔子もソクラテスもブッダも、よく似た社会的な要因に触発されていた。

そもそもなぜ哲学的な論争が生まれたのか、なぜ思想家たちが似かよった問題に注目したのかを理解するには、彼らが生き、思想を発展させた豊かで活気あふれる文化を理解する必要がある。

自分たちは過去と決別し、真っさらな時代を築いているのだと考えたのは、一九世紀のヨーロッパ人がはじめてではない。新時代の到来は、人類の歴史を通じて繰り返し起きている。とくに影響の大きい事変が紀元前一千年紀の中盤にユーラシア各地で起きた。

青銅器時代の貴族社会は二〇〇〇年にわたってユーラシアを支配し、代々の血のつながりだけで権力と富を世襲してきたが、歴史の大変革のなかで崩壊をはじめた。そうした国が衰亡するにつれ、新たな政治体制――ギリシアの徹底した民主制や、中国の中央集権的な官僚制と法律制度――が試みられるようになった。新しい形態の国政運営術は、社会的流動性のはじまりをうながした。この国々がはじめた大きな社会変革のただなかで、それまでの貴族文化に組み込まれていた宗教組織も同じく崩壊の道をたどった。

その結果、ユーラシア各地で宗教運動や哲学運動が盛んになった。古代ギリシアにおいては、ソクラテス、プラトン、アリストテレスの時代であり、ピタゴラス教団やオルフェウス教も生まれた。インドでは、ジャイナ教が台頭し、もっとも重要なことに、ブッダが登場した。中国においては、本書のテーマである孔子、孟子をはじめとする諸子百家と、宗教運動の時代だった。すべて、おおむね同時代のことだ。みな一様に、社会秩序が衰退するとき浮上する問いに取り組んでいた。国を治める最良の方法とは？　だれにでも大成するチャンスがあるすばらしい世界を築くには？　どのように人生を送るべきか？　みな一様に、わたしたちとよく似た問題と格闘していた。

この枢軸時代は、紀元前一世紀にユーラシア大陸を横断する広大な帝国が成立するまでつづいた。こうした帝国に適合するように、紀元後の数世紀のあいだに一連の救済の宗教がユーラシアじゅうに広がった。キリスト教、マニ教、大乗仏教、道教、少しおくれてイスラム教だ。そして数世紀のうちに、ユーラシアの多くの地域、とくにヨーロッパでは、帝国の崩壊と貴族支配への復帰を経て、哲学と宗教の試みの期間が終わりを迎えた。

枢軸時代の社会の変化は、地理的に広い領域に驚くほど似かよった発展をもたらした。孔子やブッダやギリシアの哲学者が互いの存在に気づいていたという証拠はないし、まして互いの思想を知っていたという記録などない。ところが、紀元前五〇〇年ごろにまるで類似点のないユーラシアの各地で起こった主要な哲学運動は、世界を変えなければならないというまったく同じ信念をもっていた。

青銅器時代の大半を通じて、ほとんどの人は自分で人生の道筋を変えられるなどとは夢にも思っていなかったが、その時代が終わり、社会的流動性が増したことで、一部の人が手にできるものはすべての人が手にできるはずだし、そうあるべきだという観念の種がまかれた。

同時に、人々は重大な文化的危機の時代に生きていると自覚していた。この時代はたえまない戦争の時代であり、とくにギリシア、北インド、中原《ちゅうげん》(黄河の中下流域)では争いがつづいた。のちに大規模な哲学運動や宗教運動の多くが出現するまさにその地域だ。そこでは、人々が道を踏みはずし、素朴な礼儀に沿って生きるための行動規範を捨ててしまったという意識が蔓延していた。古代ギリシアの詩人ヘシオドスは、この時代の風潮《エートス》をとらえ、人間関係がもろくも崩れてしまった時代に生きていることを嘆いた。ヘシオドスによると、父と子は反目し合い、子どもは年老いた親の世話をせず、兄弟姉妹は互いに争い、人々は〝暴力への賛辞〟を惜しまなかった。

宗教運動や哲学運動が勃興しはじめたのは、この文化的な危機のただなかだった。多くの運動が、社会から離脱し、暴力の完全な排除を基盤にしたそれにかわるコミュニティーをつくることを目指した。現世の先にある高次の世界を想像することで、崩壊した地上の世界を完全に超越すると強調する運動もあった。

日々のパターンを修正して世界を変える

中国の中原で興隆した運動も、かわりとなる世界を築くことに重点を置いた。しかし、中原での運動の解決策は、社会からの離脱でも高次の超越的な王国の追求でもなく、日々の暮らしのパターンそのものを修正することだった。

日常が重視されたのには、つぎのような背景がある。中原では、青銅器時代の世襲社会の崩壊に対する一つの反応として、貴族のすぐ下の階級から出た知識人たちが運営する新しい国が誕生した。生まれではなく能力によって地位をつかんだ人たちだ。新しい官僚制のなかで職を得て高い身分につきたいと望み、教養を身につけようとする人がますます増えていった。教養が身につくにつれ、人々はあるがままの世界への不満をつのらせ、別の生き方をじっくり考えはじめた。この時代に中国ではじまったほとんどの宗教運動や哲学運動には、育ちつつあった知識階級から出た名士がひしめいていた。

孔子もその一人だ。この偉大な思想家は、青銅器時代の最後の大王朝である周王朝の衰退期に生きた。周王朝を建国した周族は有力な貴族で、天から授かった天命により、ほかの大諸族の上に立つ資格があると主張した。古代中国では、天を天帝と見なし、天はその時代でもっとも徳のある血筋に統治する権限、すなわち〈命〉を与え、有徳でありつづけるかぎり統治させると考えた。いわば、一九世紀以前のヨーロッパで大貴族の血筋が神権によって統治したのとよく似ている。

孔子の生きた時代は、こうした主要な貴族の家系が権力を失いつつあった。周族そのものも弱体化したが、他の諸族も衰退の道をたどっていた。新たに名乗り出て天命を主張できる者はなかった。

孔子をはじめとする諸家が登場するようになったのは、その後につづく政治空白の時代だ。孔子は下級役人の職をいくつか経て、後年は、教育者として同じく下級役人を目指す後進の育成に力を注いだ。

今日のわたしたちが孔子を祖とする儒教を思い浮かべる場合、厳格な社会階層や厳しい男女の役割分担、礼儀正しさへのこだわりを連想しがちだ。この印象は、孔子の教えがのちの時代に解釈しなおされたことが影響している。『論語』に描かれた孔子は、他人を支配しようとするような人でもなければ、統一のとれた観念体系をつくろうとするような人でもない。それよりはむしろ、人類が繁栄できる世界を生み出そうとした人のように見える。その世界は、まわりの人とどうかかわるかを通して、「今」、「ここ」に築かれるものとされた。

孔子は、人類が繁栄した偉大な時代が周の初期、自身の在世より五〇〇年ほど前に存在したと考えていた。自己を修養し、徳を高め、自分を取り巻く世界をよりよくすることにつかのま成功した数人が統治した時代ととらえた。そして、これと同じことをしようとした。自分の弟子が躍進できるような世界を築こうと試み、弟子のなかに、もっとさまざまな人々が繁栄できる大きな社会秩序を生み出す人物が出てくることを期待した。

この本に出てくる思想家は、みな孔子とよく似ている。みな一様に変遷期というこの厳しい試練のなかで台頭した。みな一様にみずからの生きる社会に逆らい、新しく刺激的な生き方を精力的に思念した。みな一様にあらゆる人に等しく成長の可能性があると確信していた。

思想家たちは、鍛錬を積むことできわめて現実的で具体的になっていった。そのため、社会を問いなおすにあたり、ただちに抽象的な大問題に取りかかるようなことはあまりなかった。かわりに、世界がいかにしてこうなったのか、そして、世界を変えるためになにができるかに意識を向けた。こうした現実的な問いかけから、りっぱなよい人間になる素質について、刺激的な発見が生まれることになった。

3　毎日少しずつ自分を変える——孔子と〈礼〉〈仁〉

四歳児とただかくれんぼをして遊ぶだけで人間関係に劇的な変化を起こすことができると言われても、きっときみは信じないだろう。けれども、じつをいうと、きみがかくれんぼをしているとき——押入れに隠れて見つかりやすいように戸のすきまからわざと足を出しているとき、きみを見つけて子どもが大喜びしているとき、きみが大まじめで何度も何度もかくれんぼにつき合っているとき——きみはただのんきに遊んでいるだけではない。きみたち二人は普段の役割からはずれた役を演じることで〈礼〉を実践している。このかくれんぼは、新しい現実をつくり出せる「儀礼」だ。

そう言われてもぴんとこないかもしれない。儀礼といえば作法にのっとっておこなうものであり、変革を起こすようなものではないとわたしたちは考えがちだ。しかし、孔子にはじまる古典思想の一つの系譜が、礼のもつ本当の力についてまったく新しい視点をもたらした。

孔子（紀元前五五一～前四七九）は、中国の伝統における最初の偉大な思想家だ。孔子の大いなる不朽の影響力は、崇高な思想ではなく、一見とても単純そうな思想からきている。自分を知ったり、他人とうまくつき合ったりすることについてわたしたちが承知していることがらをことごとくくつがえしてしまう思想だ。

『論語』の「郷党第十」の一節を見てみよう。『論語』は、孔子の死後、弟子たちがその言行と逸話をまとめた書物だ。

〝敷物が乱れていれば、真っすぐに整えてからすわった〟[*2]

こんな一節もある。

〝食事中は教えを説かなかった〟[*3]

思っていたのとちょっと違う？　人類のきわめて重要な書物にしては、ちょっと趣がなさすぎる？

この抜粋部分が例外なわけではない。『論語』は、孔子のおこないやことばを細々《こまごま》と具体的に綴った記述であふれている。孔子は敬礼のとき拱手《きょうしゅ》した両肘をどのくらいあげるか。

＊2　席《せき》正しからざれば、坐せず。［席不正不坐。］
＊3　食らうには語らず。［食不語。］

入室の際、相手によってどのように挨拶の仕方を変えるか。とりわけ食事のときの態度はことこまかに知ることができる。

これのいったいどこが哲学的な意味をもつのかと不思議に思うかもしれない。ページをぱらぱらめくって、孔子が真に深遠なことを語っている箇所がないか探したくもなるだろう。しかし、なにが『論語』を偉大な哲学書にしているか理解するには、食事のときの孔子の所作を知らなければならない。日常的にどんなことをしていたか知っておく必要がある。こうした日々の場面が重要なのは、これから見ていくとおり、それがよりよい人間に生まれ変わる方法だからだ。

このような姿勢は哲学の分野では珍しい。ほぼどんな哲学の講義を受けても、あるいはなにか哲学書を読んでもおそらくそうだが、哲学者はすぐに壮大な問いに飛びつきたがる。わたしたちに自由意志はあるのか、人が生きる意味とはなにか、経験は客観的なものか、道徳とはなにか、といった具合だ。

けれども、孔子はこれとは正反対の教授法をとった。哲学の大問題からはじめるのではなく、つぎのように基本的で見かけによらず深遠な質問をした。

きみは人生を日々どう生きているか。

孔子にとって、すべてはこの問い――ごくささやかなことについての問いからはじまった。大きすぎて手に負えない大問題と違って、だれもが答えられる問いだ。

感情をむき出しにしない

伝統的な文化では、人の従うべき生き方や、演じるほかない社会的な役割を決定するなんらかの調和のとれた宇宙があると信じられていた、とわたしたちは考えがちだ。西洋人の多くが想像する中国はまさにこれだった。しかし実際は、多くの中国思想家が世界をまったく違ったふうに見ていた。世界とは断片的でわずらわしい遭遇がえんえんとつづくものだと考えられていた。

この世界観は、人生のあらゆる局面が、人とのとめどない交流も含め、すべて感情に支配されているという観念から生まれた。近年出土した紀元前四世紀の竹簡群（郭店楚簡《かくてんそかん》）から見つかった『性自命出』にはこうある。

喜怒哀悲の感情の気は、生まれつき備わっている。それぞれの感情が外にあらわれるのは、物によって引き出されるからだ。[4]

＊4　喜怒哀悲の気は、性なり。その外に見《あら》わるるに及べば、すなわち物はこれを取るなり。［喜怒哀悲之気、性也。及其見於外、則物取之也。］

あらゆる生きものにはなんらかの性向がある。つまり、ものごとに決まった反応をする傾向があるということだ。花に太陽のほうへ向かって伸びる生来の性向があり、鳥や蝶が花を求める傾向を示すように、人間にも性向がある。人間の性向は、他者に感情的に反応することだ。

わたしたちは、自分の感情がたえずなんらかのきっかけによって引き出されているなどとは気づきもしない。しかし、感情は遭遇するものに応じて揺れ動く。楽しい経験をすれば楽しいと感じる。恐ろしいものに出くわせば、当然、怖いと感じる。害のある人間関係は人に絶望感をいだかせ、同僚との口論は人を怒りに駆らせ、友人とのライバル関係は嫉妬心を芽生えさせる。わたしたちはつい、ある決まった感情をほかの感情より頻繁にいだいてしまい、その反応はやがてパターン化した習癖になっていく。

人生とはそういうものだ。人と人が出会い、無数の反応の仕方をし、感情を大きく揺さぶられる瞬間がひっきりなしに繰り返される。だれも逃れることはできない。遊び場にいる子どもだろうと、大国の指導者だろうと同じだ。人のあらゆるできごとは、感情的な経験の世界に方向づけられる。もし人生が、たえず人と出会い、受け身の反応をすることであるなら、わたしたちは切れぎれの世界に生き、ばらばらのできごとに翻弄されつづけているということだ。

とはいえ、すべてが絶望的なわけではない。とめどない遭遇のなかで反応に磨きをかけ、局地的に秩序を生み出すことができる。『性自命出』は、「情」、すなわち、ものごとに対して感情のままでたらめに反応する段階から、「義」、すなわち、もっと正しい反応ができる段階へと向かう努力をすべきだと論じている。

鍛錬を積んではじめて、ふさわしい反応ができるようになる。……〔人間としての道の〕はじめは情によって反応し、終わりは義によって反応する。[5]

正しい反応を身につけるといっても、感情を克服したりコントロールしたりするという意味ではない。感情をいだくことは人間が人間たるゆえんだ。そうではなく、感情の修養につとめ、他者に対するよりふさわしい反応の仕方を習得するということだ。よりふさわしい反応の仕方が自分の一部になる。反応を磨けるようになれば、感情をむき出しにするのではなく、習得したふさわしい形で他者に応じられるようになる。反応を磨く手段は〈礼〉だ。

＊5　習を待ちてのちに定む。……始なる者は情に近く、終なる者は義に近し。〔待習而後定。……始者近情、終者近義。〕

いつものやり方をちょっと変えてみる

ほとんどの人は、ある種の〈礼〉をもっている。目覚めのコーヒー、家族そろっての夕食、金曜の夜ごとのデート、子どもが寝る前のおんぶ。人生に連続性と意義を与え、愛する人とのきずなを深めてくれるこうした時間をわたしたちは大切にする。

孔子なら、このすべてが礼になりうると賛成してくれるはずだ。孔子はその教えのなかで、なにを礼と考えるべきか、なぜ礼が重要なのかを詳しく述べている。だれもが一日に何度もおこなうちょっとした行為を考えてみよう。

友人にばったり出会ったとする。

「やあ、元気？」

「うん、元気だよ。そっちは？」

たったこれだけの行為が、それぞれの行き先へ向かう二人をつかのま結びつける。

あるいは、同僚がきみに新人を紹介する。

「はじめまして。よろしくお願いします」

「はじめまして。こちらこそよろしく」

握手をかわしたあと、天気や身のまわりのことや最近のニュースについて軽い雑談をする。

あるいは、スーパーで親しい友人に出くわす。二人は手を振りながら近づき、ショッピングカートを止めて立ち話をはじめる。

「わあ、久しぶり！　お子さんたちはどうしてる？」

互いの暮らしぶりを話題にし、しばしの陽気な会話と今度いっしょにコーヒーでも飲もうという約束のあと、それぞれの買い物にもどる。

わたしたちは話す相手によって、挨拶を使い分け、質問の種類を選び、声のトーンを変える。たいていはすべて無意識にやっていることだ。話す相手が親しい友人か、たんなる顔見知りか、初対面の人か、母親か、舅《しゅうと》か、上司か、習いごとの先生か、子どものピアノの先生かによって、態度や言いまわしやことばづかいを微妙に調整する。いっしょにいる人に合わせて話し方を変えるのは、それが社会的にふさわしいことだと学んできたからだ。わたしたちは一日じゅう、いろいろな状況でいろいろな人を相手にしているため、わたしたちのふるまいは変化しつづける。

いうまでもなく、周囲の事情によって人がさまざまな挨拶を使い分け、声のトーンを変えることは、どの哲学者も気づいていた。けれども、そこに哲学的な意味があると考えた人はほとんどいなかった。

孔子が特異なのはこの点だ。目覚めている時間の大半をこうした行為に費やしているとすれば、哲学的にいって、取りかかるべきはまさにそこからだと認識することが孔子の出発点になっている。わたしたちは、このような行動をとる理由をみずからに問う必要がある。このちょっとした行為は習慣、つまり、社会生活に順応するために身につけたしきたりだ。しかし、しきたりの少なくとも一部は、孔子のいう〈礼〉になりうる。孔子は、この礼ということばを新しい挑発的な意味で用いている。

＊＊＊

人類は習癖の生きものだ。ささいな行為――見知らぬ人が通れるように道をあける、採用面接はネクタイをしめて臨むなど――が当たり前のことになり、いつのまにか無意識に実行するようになっている。

なんの気なしにする行動でも、なんらかのよい影響がある。なんとなく落ち込んでいるなら、ちょっと時間をとってだれかに「やあ」と声をかけることが、負の感情の悪循環を断ち切ってくれる場合がある。仲たがいしている人に挨拶するのなら、より礼儀正しい自分の一面を出して、一時的に不和のパターンを打ち破ることができる。そのつかのま、わたしたちはいつもと違う人間関係を結ぶ。

しかし、社会の大部分のしきたりを機械的にこなして人生を送るだけでは、しきたりは、わたしたちを根底から変えうる礼になる力を失う。わたしたちがよりよい人間になる助けにはあまりならない。

自分を変える力にするためには、通常のあり方を離れることが自分のさまざまな面を育てることにつながると気づかなければならない。孔子のいう礼には変化させる力がある。少しのあいだわたしたちを別人にしてくれるからだ。礼はつかのまの代替現実をつくり出し、わたしたちはわずかに改変されたいつもの生活にもどされる。ほんの一瞬、わたしたちは〈かのように〉の世界に生きることになる。

〈礼〉を通して新たな自分を見つける

古代中国では、人間を相いれない要素の集合体ととらえ、生涯を通じてその要素――対立する感情、乱れたエネルギー、混沌とした精神――を洗練しようとつとめた。しかし臨終を迎えると、その人のもっとも危険なエネルギー、すなわち、愛する人たちを残してこの世を去らなければならない怒りと恨みが解放され、生きている人にたたるとされた。そのため、死者の霊魂は世界を満たし、ねたみの目で生者を見ていると信じられた。死はまた、すさまじい悲しみ、錯乱、名状しがたい怒りなど、生きている者の最悪の部分をも引き出すと考えられた。

この放置された負のエネルギーに対抗するために、人々は儀礼行為を発展させた。なかでも重要だったのは祖先祭祀《さいし》で、危険な霊を慈悲深い祖霊に変えることが目的だった。獣肉（ほとんどの場合、豚肉）を青銅の祭器にのせ、霊廟で家族を前に焚き火で調理した。家族は霊におりてくるよう呼びかけ、肉から立ちのぼるかぐわしい煙を食物としてもらう。食物を捧げることで、霊に人間性を与えて家族の一員にもどってもらい、頭上をただよう慈悲深い祖霊の役割におさまるよう説きふせようとした。

祭祀がすんだあとも、いずれは祖霊が怒れるたたり霊にもどるため、祭祀はときどき繰り返す必要がある。

『論語』に、祖先祭祀についての問答がある。孔子によると、この儀礼はなくてはならないものだが、死者の霊が臨在するかどうかは問題ではない。〝祀るときは、霊が目の前にいるかのようにする〟[6]と、孔子は答えた。重要なのは祭祀に本式に参加することだ。〝わたしは祭祀に参加しないと、祀ったような気がしない〟[7]

しかし、霊がかならずしもそこにいるわけではないのに、なぜいるかのように祭祀をとりおこなうのだろう。

死者が生きているあいだに家族と結んでいた人間関係は、不完全でストレスを感じさせるものだっただろう。現実の人間関係とはそういうものだ。父は厳格で愛情がなく気むずかしい人だったかもしれない。子は冷ややかで反抗的だったかもしれない。このような未解決のままの緊張関係は、父が死んで和解の可能性がなくなったとき、いっそう痛切に生き残った者の心をさいなむ。りっぱに儀礼をおこなえば、人間関係という問題をかかえた世界から、新しく生まれた理想的な関係を築ける空間——儀礼空間——へ移行できる。この空間のなかでは、たたり霊が生者にとってまっとうな情け深い祖先であるかのような存在になる。すると、生者は祖先のまっとうな子孫であるかのようにふるまう。生者と死者のあいだに存在した怒り、恨みつらみは、はるかによい関係へと変化していく。

孔子にとって、祖先祭祀はそれをとりおこなう人におよぼす効果という点で、おろそかにできないものだった。儀礼行為が本当に死者に影響を与えたかどうかを問うことは、まったくの的はずれだ。家族が供物を捧げる必要があったのは、祖先がそこにいるかのようにふるまうことで家族たちの内面に変化がもたらされるからだ。

祭祀は生者の互いに対する感情も変容させた。死はどんなときも残された者たちの人間関係に変化を生じさせる。子ども時代をすぎて長くなりをひそめていた兄弟同士のライバル意識が再燃する。親に逆らっていた息子がいきなり名ばかりの一家の長になり、家族の不安をかき立てる。けれども、儀礼のなかでは、全員がなんの不和もないかのように家族

＊6　祭ること在《いま》すがごとくし、神を祭ること神在すがごとくす。［祭如在、祭神如神在。］

＊7　われ祭りに与《あずか》らざれば、祭らざるがごとし。［吾不与祭、如不祭。］

内での新しい役割を演じる。

礼の力は、現実の世界といかに明らかに異なっているかという点にある。三世代が役割を交替する少し形の違う祭祀を見てみよう。その儀礼では、男孫が死んだ祖父になりきり、孫の父は孫が扮する祖父の子になりきる。生きている子孫がそれぞれ、外の世界でもっとも葛藤をおぼえやすい相手の視点に立つことになる。

これはまぎれもなく、〈かのように〉の世界だ。参与者が、儀礼で演じている役割を現実でいつか担うかもしれない役割と勘ちがいすることはありえない。父親は自分の息子の子どもになる訓練を受けるわけではない。しかし、この儀礼を通じて、生者は死者に対してそれまでと違う関係をつくるだけではない。残された人たちはそろって新しい人間関係に踏み込むことになる。

もちろん、儀礼にはかならず終わりがある。家族は儀礼空間を出た瞬間、わずらわしい実社会に舞いもどる。時がたつにつれ、あやうさのうえに成り立っていた和平はふたたび崩壊する。兄弟姉妹は言い争い、いとこは逆らい、父子は相変わらず反目し合う。

家族が儀礼をたびたび繰り返すのはそのためだ。あやうい和平は霊廟を出たとたんに崩れるかもしれないが、儀礼を何度も何度もおこない、より健全な関係を結びなおすことで、改善した家族内の人間関係が日々の暮らしでもじわじわと表面化しはじめる。

儀礼は現実の世界でどうふるまうべきかを教えてくれるわけではない。寸分の狂いもなく秩序が保たれた儀礼のなかの世界が、欠陥のある現実の人間関係の世界に取ってかわることはありえない。儀礼が効果を発揮するのは、それぞれの参与者が普段担っている役割とは別の役割を演じるからだ。この現実からの「離脱」こそ、人間関係の修繕をはじめるための鍵だ。父親が息子のふりをすることは、自分の子どもを理解し、よりよい父、よりよい人間になるのに役立つ。

獣肉を供物にして霊をなだめるなどというのは、二一世紀の暮らしとはかけ離れていると思うかもしれないが、礼のもつ価値は今も変わらない。わたしたちも霊にたたられている。どうしてもそりが合わず、かんに障る親戚。ふり払えそうもないわだかまり。忘れられない過去。

わたしたちは、パターン化され、習癖となった反応に陥りがちだ。それは、挨拶や人のためにドアを押さえるといった、漫然と従っている社会のしきたりやならわしかもしれない。電話で兄弟と話しているとき思わず泣きごとを言ってしまう、悩んでいるとき気持ちをはっきり言わずつい無口になってしまうといった、自分でも気づかない習性かもしれない。なんにせよ、わたしたちは四六時中こうした行動をとっている。よい行動パターンもあれば、あまりよくないものもある。常に自分に「忠実」で、そのとおりに行動するとしたら、これまでどおりの行動にしばられ、けっして寛大になれず、自分を変える可能性を限定することになる。

けれども、わたしたちはもう、このパターンを打破する方法を知っている。たとえば、友人の家を訪ねると、部外者だからこそ友人家族の作法やちょっとした行為が目につく。日曜の朝食はパンケーキに決まっているとか、毎朝の挨拶にはハグが欠かせないといったことだ。それが目にとまるのは、わたしたちにとって新鮮だからだ。よその家族の礼を目撃したり、さらには参加したりする場合、自分自身の生活ではありえないほど意識的になる。

旅へ出ると、日課からの離脱が自分の新しい面をはぐくんでくれる場合がある。帰宅したとき、そのような変化の効果が残っているのがわかる。

ならば、なぜわたしたちは普段からそうしないのだろう。たぶん、「実際の」生活で意図的に礼の場面をつくるのはウソっぽい気がするからだ。

しかし、〈かのように〉の場面ははかりしれないほどの心の動きを引き起こしうる。

この章の冒頭で触れた四歳児とのかくれんぼに話をもどそう。この遊びがどう人間関係を育てるのだろう。四歳児とのかくれんぼは〈かのように〉の儀礼だ。役割の交換が可能になる。いつもはとても弱い立場にいる子どもが、大人を探し出してうち負かす強い者になりきるチャンスを手に入れる。大人は、まぬけすぎてうまい隠れ場所を見つけることさえできないでくのぼうになりきるチャンスを手に入れる。もちろん、見えているのを承知のうえで大人が隠れていることなど、子どものほうも承知している。けれども、かくれんぼという儀礼の役目は、子どもが大人を出し抜けるかのようにふるまうことなのだ。

役割の逆転は、普段の行動パターンを断ち切る。子どもは有能感をもつことができ、遊びが終わったあともそれを忘れない。大人は、普段なら（少なくとも子どもの日には）絶対に正しい存在だが、あやまちも犯す弱い存在になって遊ぶ。かくれんぼのあと、本当にまの抜けた大人になるわけではないが、役割の逆転はもっと複雑で機微に富んだ一面を磨く助けになる。大人はそうやって磨いた一面――繊細さ、きずな、のんきさ、権力にしがみつきすぎない能力――を別の状況で生かすことができる。

重要なのは、かくれんぼをしながら、あえて別の自分になりきることだ。二人そろって代替現実に足を踏み入れたことを自覚して、自分の新たな一面を想像する。それができれば、かくれんぼのような体験が、どちらにとってももっと喜びと敬意に満ちた関係をはぐくむ助けになるばかりか、その体験の積み重ねが、長い時間とともにそれぞれどんな人間になっていくかにも影響をおよぼす。礼を繰り返すことで、おのおのが自分の多様な側面を開発でき、ひいては人生のほかの人間関係をも向上させることになる。

「愛してる」も儀礼

わたしたちはなぜ、「お願い」や「ありがとう」を言うのだろう。

三世紀前、ヨーロッパの社会や社会制度上の関係はまだ世襲による階層制度に完全に規定されていた。農民が地主に話しかけるときは丁重なことばづかいをしたし、貴族が農民にことばをかける場合は、それとまったく異なることばづかいをした。

都市で市場《いちば》が発展しはじめると、さまざまな階級出身の人間がこれまでにない新しい形で交流するようになった。まったく対等ではないはずの売り手と買い手が、対等であるかのようにふるまう儀礼が発達した。それが「お願い」と「ありがとう」のやりとりであり、参与者が見せかけの対等性を経験できる一瞬だった。

わたしたちも、この〈かのように〉の礼をおこなっている。たとえば、夕食のテーブルで、自分の子ども（あるいは甥っ子や孫）が「ミルク！」と要求したとする。相手が幼い子どもなら、まだ社会常識が身についていないのだろうと判断して、きみは「いいけど、ミルクだけじゃわからないよ？」とか「そういうとき、なんて言うんだった？」などとたしなめるかもしれない。子どもが答えられないと、きみは「ミルクを……なに？」と、たたみかける。くどくどしいやりとりのあと、やっと子どもが「ミルクちょうだい」とお願いする。すると、きみはミルクを出してやり、今度は、「ありがとう」の指導をはじめる。

なぜわたしたちは、子どもが「こんなことば当てゲームを無理やりやらされてばかみたい」とあからさまに態度で示すのもかまわずに、わざわざこんなことをするのだろう。子どもにとって、これは対等の相手にものを頼んでいるかのようにふるまう礼に参加するチャンスになる。きみは、ある特定の行動をとるように子どもをしつけようとしているわけではない。同じ人間にものを頼むとはどういうことか、感謝の気持ちを表現するとはどういうことかを学ばせようとしている。

子どもがこのやりとりをたんに機械的な行為として習得するとしたら、ちゃんと学べていないということだ。もちろん、はじめはたしかに機械的な行為にちがいない。大きくなるにつれて、社会生活に順応するために身につける行為の一つだ。けれども、幾度となく繰り返しているうちに、だんだんこの行為の理由がわかってくる。また、微調整する方法もわかってくる。子どもは、自分の「お願い」や「ありがとう」に人がどう反応するか観察し、いつならこの言い方で大丈夫か、どんなときほかのことばづかいや声の調子や言い方にしたほうがいいかを学ぶ。

それればかりか、子どもはたいていの大人より、礼を直観的に深く理解する。現実でないところに礼の価値があることをすぐに見抜く。ごっこ遊びをしている子どもたちを思い浮かべてみよう。一人が警官になり、強盗団になったほかの子どもたちから商店を守っている。みんなピストルをふりまわし、クッションのかげに隠れ、何度も何度も撃ち合いをする。大人と違って、子どもたちはこの銃撃戦を暴力とはとらえない。子どもにとって、ピストルの撃ち合いは遊びで、現実の世界から切り離されている。子どもたちは、これがごっこ遊びであることを十分に認識している。そのうえで繰り返し遊んでいるのは、この遊びで現実から外へ踏み出し、自分の別の一面に磨きをかけることができるからだ。自分たちでつくった安心できる環境のなかで、恐怖や不安に対処する方法を学んだり、救助役やヒーロー役を演じたりしている。

小さいころ親が話してくれたサンタクロースも、やはり〈かのように〉の礼だ。家族は、サンタクロースが大きな袋をもって煙突をおりてくるというかりの現実の片棒をかつぐ。クリスマスまでの数週間、子どもは手紙を書き、欲しいものリストをつくり、一所懸命よい子でいようとする。クリスマスイブには、クリスマスツリーのそばにクッキーをのせた皿と一杯のミルクを用意する。大人と年上の子どもたちは、小さい子のためにこのフィクションをつづけ、雰囲気を盛りあげるためにできるだけのことをしようとする。サンタクロースが本当にいるかどうかはたいした問題ではない。大事なのは、みんなが態度を改め、家族の仲がいっそう緊密になることだ。

わたしたちは全員、子どものときにはかのように生きていた。その後、大人になってからは多かれ少なかれそれをやめてしまい、もっと真実に忠実に行動しなければならないと信じるようになった。しかし、大人もなんらかの儀礼空間をもっている。たとえば、心理クリニックは設定された時間枠のあいだ自分の問題を聞いてもらいに行くところだ。多くの人は、本当の自分を少しずつ見いだしていくこの時間が助けになると考えているが、孔子の見地からすれば、外ではできない〈かのように〉の役割を演じる事実上の儀礼空間を設定することによる恩恵のほうが大きい。心理セラピーは生活を支配する行動パターンを打破するのを助け、セラピストと患者としての交流を通じて、これまでとはまるで違う他者とのかかわり方を築けるようにする。

けれども当然のことながら、心理クリニックの外では昔の行動パターンにもどってしまう。だから毎週セラピーに通い、ときには何年にもわたって昔のパターンを打ち破る練習をつづける。繰り返すことで、少しずつ人との新しいつき合い方を磨き、やがてそれまでとは違う、はるかによい自分を確立する。

わたしたちは真実というものを重んじるが、実際は、親しい者同士はしょっちゅう罪のないウソをついて新しい現実を築いている。「あなたって最高」、「心配しなくていいんだよ」、「こんなにおいしい料理、生まれてはじめてだ」などがそうだ。なかでもよく使われるのは、「愛してる」だ。口癖のようにこの台詞を交わしているカップルも、おそらく年がら年じゅう心からの愛を感じているわけではない。まずまちがいなく、時には相手に対していろいろ複雑な感情もいだくはずだ。しかし、「愛してる」と口にする礼によって、現実から離脱してどの瞬間も互いに心から愛し合っているかのようにいられる空間へ行き、二人の関係をはぐくむことには大義名分がある。カップルが〈かのように〉の愛を口にする瞬間、二人は本当に相手を愛しているのだ。

孔子の日々の習慣についての逸話がつまった『論語』の「郷党第十」を考えてみよう。

い。孔子はなにも、すっきり片づいているのが好きだから敷物を真っすぐに整えたわけではない。孔子は、いっしょにすわる人たちのために場所を整えるような一見ささいに思える行為によって、普段と異なる環境がつくり出され、その場にいる人々に大きな影響をおよぼしうることを理解していた。敷物の礼の現代版は、夕食時の作法だろう。テーブルを整え、ことによるとランチョンマットやナプキンを用意したり、さらにはキャンドルを灯したりするとき、わたしたちは日常から抜け出し、食卓を囲む自分たちのために代替現実をつくり出す。たとえストレスだらけの一日だったとしても、やたらと衝突の多い一日だったとしても、わざわざ「さあ、もうけんかはやめて、くつろぐ時間だよ」と宣言する必要はない。夕食時の礼はそれだけで、全員が別の状態に移れるひとときをつくり出す。

とはいえ、このように孔子流に礼を実践する機会はむしろ例外だ。わたしたちは真実に忠実であろうとし、あえてかのように行動することはほとんどない。なんとなく「ふり」をしているような、ごっこ遊びをしているような気になってしまうからだ。しかし、孔子に言わせれば、作法を押しつける儀礼に抵抗があるわたしたちが、たくさんの社会規範や慣例にむざむざ従っているのは矛盾している。礼になりうる習慣が生活に浸透しているのに、わたしたちはその価値もわからず、ただ機械的に繰り返してしまっている。わたしたちのほうこそ、自動人形になりかけているのだ。

この危険性を認識している人もいる。一部の大学のキャンパスで実施されている「アスク・ビッグ・クエスチョンズ（でっかい質問をしよう）」などの取り組みは、まとめ役が学生たちに立ち位置の取り方、信頼できる雰囲気のつくり方、意見の述べ方を手ほどきすることで、激論を呼びそうな問題（たとえば、どのように中東の平和を促進するか）を討論しても怒鳴り合いに終わってしまわないようにしている。学生たちはまさしく会話の礼——たとえ見せものやつくりごとっぽいとしても——を教わる。どのように質問を投げかけ、口をつぐんで耳を傾け、自己防衛したい気持ちや頑固さを捨て、議論がかみ合い進展するように話すかを身につける。このようにして、学生たちは自分が陥っているかもしれない行動パターン（たとえば、つい感情的に極論を口走ってしまいがちなど）から抜け出し、礼儀正しくふるまい、互いにもっとうまくかかわり合える〈かのように〉の世界を築く方法を手にする。

おおぜいが陥っている自動人形の状態から抜け出す努力をするとどうなるだろう。「お願い」と「ありがとう」を習っている子どもや、これまでと違う態度を身につけて挑戦的な意見を受け入れることを習っている大学生のように、代替現実のもつ価値を知り、ものごとのありのままの姿と自分がつくり出した局地的な秩序のあいだの緊張を経験する意味を理解するはずだ。そして、自己修養によって他人とのよりよいかかわり方を生涯にわたってはぐくんでいくことだろう。

儀礼や変化というものについてこんなふうに考えるのは意外に感じるかもしれない。なんといっても、わたしたちの儀礼のひな形は、たいてい洗礼式や結婚式や卒業式などにもとづいている。いずれも、ある者（罪深き者、独身者、学生）から別の者（信者、既婚者、卒業生）へと移行する儀式だ。事前と事後があり、儀礼を通じてわたしたちは変容をはたす。

孔子の変容のとらえ方は大きく異なっている。孔子が注目するのは、芝居じみたはなやかなイベントではなく、何度も繰り返されるちょっとした瞬間だ。「愛してる」と口にするときのように、〈かのように〉の瞬間は、一日を通してきずなを結ぶ瞬間をつくり出し、長い時間とともに少しずつではあるが非常に効果的に蓄積していく。

「本当の自分」を探してはいけない

〈かのように〉の礼による変容をはたす前に、「本当の自分」という考え方を手放さなければならない。

偽りをなくせ。本物であれ。真の自分に正直であれ。今どきのこうしたスローガンは、自分の心をのぞき込むようにけしかける。わたしたちは自分が何者かを見いだし、ありのまま受け入れようともがく。

危険なのは、そうやって見いだしたものが、あるとき、ある場所での自分を写したスナップ写真にすぎないことだ。わたしたちは自己啓発本を読み、瞑想し、日記をつけ、自己診断して自分にレッテルをはる。ぼくは自由人だ。わたしは短気だ。自分は夢想家だ。人と親しくなるのが怖い。子どものとき引っ越しばかりだったから、今でも初対面の人に会うのが苦手だ。破滅的な恋愛しかできないのは、父との冷たい関係のせいだ。わたしたちはこうしたレッテルを受け入れることで、それが固定化するのをみすみす許している。このようなレッテルはりは子ども時代にはじまっている。この子は勉強家だ。あの子は気分屋だ。こうしたレッテルが、わたしたちの行動や決断を駆りたて、予言の自己成就となる。その結果、あまりに多くの人が、ある日ふと気づくと、狭義に限定した自己に閉じ込められていたということになる。

西洋人が真の自分と定義しているものは、実際には人や世界に対する連続した反応のパターンにすぎず、時とともに蓄積されたものだ。たとえば、「自分はとにかくイライラしやすいたちだ」と思っている人がいるかもしれない。けれども、それはむしろ、長年にわたる人とのかかわり方が原因で、ささいなことにも苛立つ人間になってしまっているだけの可能性が高い。本当にイライラしやすい人間だからではない。「真の自分」に忠実でいることが、有害な感情の習癖を固定化する結果になってしまう。

『性自命出』の教えを思い出してみよう。世界が切れぎれなのとまったく同じように、わたしたち人間も切れぎれだ。人は自分自身を単一の統一されたものととらえ、内省によってそのような自己を見いだそうとするが、そう考えるかわりに、さまざまな感情や性向や願望や特徴がごちゃまぜになっていて、いつも違う方向や正反対の方向へ引っ張られている存在ととらえることもできる。自分をそのようにとらえれば、自己は鍛えようのあるものになる。ある時点で凍結したまま自己を定義する危険を回避できる。

孔子にならうなら、自分の行動パターンを知り、積極的にその修正に取り組む方法がある。ゆっくり時間をかけて行動パターンを打破する——たとえば、父親がかわりばえのしない政治批判をはじめたとき（たとえイラッとしても）いつものため息を我慢する、妻が仕事から帰ったら（たとえパソコンから離れたくなくても）玄関で出迎える——ことで、自分の別の面がおもてに出てくるようになる。未熟で感情的な反応に引きずられるのではなく、ゆっくり時間をかけてもっと建設的なふるまい方を自分のものにしていけばいい。きみは自分ですら気づいていなかった一面を少しずつ開拓し、よりよい人間へと成長しはじめる。

＊＊＊

行動パターンを打破することは、自分以外の人も鍛えようのある柔軟な存在だと気づくきっかけになる。ひょっとすると、母親と対立している人もいるかもしれない。母親がきみの人生の選択に賛成してくれず、わざとかと思うような、人をうしろめたくさせることをぐさりと言ってくる。母親と話しているところを想像するだけでいたたまれなくなるほどこじれてしまい、今ではきみはいっさいの会話を避けている。話してもどう せ堂々めぐりにしかならないし、そう思うと絶望感でいっぱいになるからだ。

たいていこのような場合、二人のあいだの問題は、互いに性格が合わないということでもなければ、母親がもともときみに罪悪感をいだかせやすいということでもない。問題は二人のコミュニケーションがパターンに陥ってしまっていることだ。どちらも役割にしばられている。口うるさい母親と、反抗的な子どもという役割だ。二人ともこのままでいいとは思っていないのに、抜け出し方がわからないでいる。

ここから抜け出すには、パターンに陥っていると自覚し、自分で変えられると気づくことだ。母親が不変でも不動でもないことを忘れてはいけない。複雑でさまざまな側面をもつ人間だ。母親の別の面を引き出すために、自分にどんな働きかけやことばかけができるかじっくり考えてみよう。そして、母親のそういう面に話しかけているかのようにふるまってみよう。母親は、きみに対してガミガミ言ったり威圧的にふるまったりしがちなのと同じくらい、わが子を大切に育てたいと願っているし、そうでないにしても、少なくともわが子を大切に育てていると思い<u>たい</u>と願っている。話す内容や声のトーンをどう変えれば母性に訴えられるだろう。きみが接し方を変えることで、母親は別の役割、つまり、子どもを思う優しい母親の役割にはいり込みやすくなる。

きみは反射的に、「でも、そんなのは現実的じゃない。ぼくの本当の気持ちと違う」と異議を唱えるかもしれない。腹が立っているときに、母親の別の面を引き出すためだけに、こちらが態度を改めて寛大になる必要がどこにあるだろう。しかし、そう思ってしまうのは、なんらかの「中核の」自己に応じて行動するべきだという誤解からきている。わたしたちは常に変化している。だとすれば、そのとき抜け出せなくなっている状況にしばられた言動をする？ それとも、さまざまな可能性がひらかれるような言動をする？

いくら自分探しをしたところで、単一の真の自己などというものは存在しない。自分自身の内にも、ほかの人の内にもない。心理学者であり哲学者であったウィリアム・ジェームズ（一八四二～一九一〇）はかつて、〝人は、自分を知る人の数と同じだけの社会的自己をもつ〟と書いた。驚くほど孔子的な意見だ。人にはそれぞれ無数の役割があり、役割同士が対立することも多いうえ、それをあやつる手綱さばきを教えてくれる規範もない。礼の実践だけが手綱さばきを身につける助けになる。

パターン化された行動や機械的な習癖――礼とは違う――は、まさしくわたしたちの生活を規定し、ほかの人を思いやる気持ちを妨げる。けれども、行動パターンを打破する〈かのように〉の礼を繰り返す人生を通じて、まわりの人に親切にするすべを感じとる能力が身につく。重要なのはここだ。この能力が〈仁〉、すなわち、人間の善性だ。

〈仁〉はまわりに伝染する

孔子の弟子たちは、〈仁〉について説明してほしいとたびたび孔子に求めた。孔子はそのつど、状況に応じてそれぞれの弟子に異なる返答をした。というのも、孔子のいう仁は抽象的に定義できるものではないからだ。仁は、他者に対してふさわしい反応ができる感性といえる。こまやかな感覚を磨くことで、まわりの人のためになるよう行動し、その人たちのよい面も引き出せる。

わたしたちの言動の一つひとつは、仁を実践するか、仁を損なうかのどちらかだ。だれかが勢いよく部屋に飛び込んできたとたん、いきなり室内の雰囲気ががらりと変わるような経験はだれしもあるだろう。しかし、道を歩いていて見知らぬ人がしかめ面ですれちがったとしても、それが自分にどう影響をおよぼしたかは気づかずじまいでいるかもしれない。ゆきずりのしかめ面は、潜在意識に働きかけてきみの気分に影響を与え、連鎖的な反応をまねきうる。その一日にわたって、とるにたりないゆきずりのしかめ面に感化されてしまうのはきみだけではすまない。きみが出くわすほかの人たちもきみの影響を受けて感化されてしまう。

自分がどれだけ他者に影響をおよぼすかを理解するには、きみの典型的な言動にちょっと手を加えてみるといい。たとえば、親友をにらみつけてみる。むっつり顔でエレベーターに乗っている会社のCEOに元気よく挨拶してみる。ラッシュアワーの地下鉄で、あいたばかりの隣の席にカバンを置いてみる。いったいなにが起きるだろう。つぎに、これとは違う態度でふるまってみる。見知らぬ人のためにドアを押さえてみる。人間関係の問題をかかえている友人にメールを送ってみる。路面が凍っているところを通るとき祖母にそっと手を貸してみる。こうした違いがきみやまわりの人にどんな影響をおよぼすだろう。

孔子は仁を定義しようとしなかった。仁を実践するとはどういうことかを理解するには、つぎつぎに変化する異なる状況のなかで仁を感じなければならないことを弟子に教えたかったからだ。わたしたちはだれでも仁を感じているし、仁を見分けられるようになれば、仁をはぐくむことができる。

孔子なら困っている友人をどう助けるか

つらい時期をすごしている友人をどう助ければいいだろう。

おそらく、多くの倫理学者にとってこれはたいした問題ではない。倫理学者は、もっと広範で理性的に計算できる一般的な問題を重視する傾向がある。1章で取りあげたトロッコ問題のように、日々の暮らしの複雑さから完全に抽象化した論題を好むことが多い。明確に定義された問題を理性的な熟考によって解決することを唯一の目的とする思考実験だ。もっとも純粋な形のトロッコ問題は、あいまいさのはいり込む余地がない。あいまいさとは、たとえば、五人のうち一人がじつの母親だった場合や、五人全員が子どもだった場合、きみの決断がどう変わるかということだ。倫理学者に言わせれば、そのような要素に決断が左右されてしまうなら、それこそ、きみが理性的に考えていないということだ。きみは感情によって倫理的な決断を曇らせてしまっている。

ドイツの哲学者、イマヌエル・カント（一七二四～一八〇四）はこの方針に沿って思考した。カントは、状況がどうあろうと、どんな人にもどんな状況にも当てはまる普遍的な法則になりうるような行動をとるべきだと論じた。

この点をはっきりさせるために、カントはつぎのような思考実験を用意した。きみはなんの罪もない男を家にかくまっている。男をつけ狙う殺人者が家にやってきて、男はいるかと尋ねる。きみなら、罪のない男の命を救うためにウソをつくだろうか、それとも真実を告げるだろうか。

カントの有名な答えは、「きみは常に真実を告げなければならない」だ。ウソを禁じる不文律は絶対的なものであり、状況に応じて改変してはならないからだ。カントが提起した知性の訓練の真意は、状況や事情には意味がないと主張することだった。このようにあからさまで、ほとんどどんな人でもウソをつくだろう（と、カント自身さえ認めている）

状況であっても、ウソをつくのはやはりしてはいけないことなのだ。

純粋なカントの観点からすれば、困っている友人をどう助けるかといった問いかけは、倫理的な考察の出発点としてけっして有用とは見なされない。やっかいな論点があまりにも多いからだ。友人がかかえる問題の複雑さ、友人のもろさやほかに友人を支えている人の存在、友人が危機に向き合った過去の経験、この事態にかかわるすべての人の相反する感情などだ。

一方、孔子にとって、困っている友人のシナリオはまさしく倫理的な行動について考えるきっかけとなるたぐいの論題そのものだ。孔子なら、罪のない男を救うためにウソをつくのは当然のことで、なぜなら、「ウソは悪い」というような一般的な道徳上の義務だけでなく、全体的な状況について考える必要があるからだと言ったはずだ。それだけでなく、孔子なら、入り組んださまざまな事情をすべてはぎとったことで、カントはこの思考実験をまったくなんの役にも立たないものにしたと考えたことだろう。

わたしたちの指針となる抽象的で普遍的な法則を打ち立てようとするのは、意味がないばかりか危険でもある。状況の複雑さと格闘するすべを身につける機会を奪ってしまう。仁を実践する方法を理解する妨げになるのだ。

おそらく孔子なら、困っている友人を助けるためにできることは一つしかないと思い出させてくれる。こまやかな感覚を働かせて、友人がなにに本当に困っているのかを理解することだ。すべての状況は一つひとつ異なり、刻一刻と変化している。友人が前夜よく眠れたかどうかから、友人から相談を受けたきみがどう反応するかまで、ありとあらゆることが状況に違いをもたらす。きみのもつ状況を読む力、大局をつかむ力、友人をこの特定の時点へと導いたすべての複雑な要素を理解する力こそ、仁をもって対応する助けとなる。友人がもっとずばりと助言してくれる人を必要としているのか（「しっかりしなよ」）、気持ちをわかってくれる冷静な相談相手を必要としているのか（「そうだね、それはきつかったね」）、黙ってお茶をいれたりクリーニングに出した服をかわりに取ってきたりすることが助けになるのか、きみにも察することができるはずだ。

大多数の人はある程度こうしたことに精通している。しかし、孔子に言わせれば、わたしたちはもっとうまくやれる。いったんわずらわしい現実世界に出て、無数の役割と感情とシナリオをあやつってみると、どんな規範もなすべきことを正確に教えてはくれないことが理解できる。唯一の規範は仁だ。孔子にとって、仁を修養し実践することが、倫理にかなった人になるただ一つの方法だ。

〈礼〉のレパートリーを増やす

孔子は固定観念をもって見られることが多く、厳格な伝統主義者で、門人にも社会の慣例に従い、特定の役割に順応して人生をすごすことを強いたと思われがちだ。しかし、孔子の教えがこの対極にあったことはすでに明らかだろう。礼をおこない、仁を体得するにつれて、わたしたちは厳格になるどころか、それとは正反対になっていく。礼はわたしたちが一つの役割にしばられるのを防いでくれるだけではない。礼によって身を修めるとは、いつ、どのように礼をつくり、つくり変えるかを習得することでもある。

じつのところ、『性自命出』は、礼がちょうどこのようにしてはじまったと伝えている。人類の文明初期のころ、他人同士がばったり出くわしたとき、粗暴で敵対的な出会いのさなかであっても、ものごとがうまく運ぶ瞬間を経験することがあった（たとえば、欲しいものをただ奪い取るのではなく譲ってくれと頼むとか、だれかが苦しんでいたら見て見ぬふりをせず手をさしのべるといった単純なことを想像してもらいたい）。人々はこうした出会いの好ましい効果に注目して繰り返しおこなうようになり、やがてそれが礼になった。時がたつにつれて、礼のレパートリーが増え、互いに礼儀正しくふるまうための指針となり、将来の世代にもそのように教えるための指針ともなっていった。

わたしたちも礼をつくり、つくり変えている。たとえば、部屋にはいってみると、妻がなにか心配そうにしていたとする。これまで、妻がこのような様子のときは、隣にすわり、なにもかも話してごらんとうながしていた。妻が感情をおもてに出せるようにしてやることがいつもの礼として定着していた。

しかし、ここで孔子が重視するのは、こまかい襞《ひだ》の部分だろう。この特定の状況で、たった今、妻にどんな配慮が必要なのかを理解するということだ。もしかすると、今もっとも必要なのは、そばにいて安心させてやることだと感じとり、これまでとは別の行動をとる——ただ黙って抱きしめる——のがこの場面では一番妻のためになると気づくことになるかもしれない。そのように実践することが、新しい礼をつくることになる。これまで夫婦でおこなってきた礼にまつわる経験や、妻について知っていること、自分の状況判断をもとに、きみは意識して新しい行動を起こす。うまくいけば、今度は妻がこれまでと違う反応を示すだろう。そして、それがゆっくりと二人のあいだの礼になっていく。二人で以前の礼をつくり変えて、新しい礼をつくり出したということだ。また、そうするなかで、二人にとっての新しい現実をつくり、よりよい関係を築きはじめたのだ。

＊＊＊

うまく仁を実践しつづけることができたとして、そこからなにが得られるのだろう。孔子の弟子もときおり同じような質問をした。もっとはっきり言えば、弟子たちは、他者のためにしたよいおこないが死後に報いられるだろうかと孔子に尋ねている。孔子はさらりと答えた。

まだ生のことさえわからないのに、どうして死がわかるだろう。[8]

孔子の返答は、あの世の存在を信じるべきか、信じるべきでないかという話ではない。それよりはむしろ、まわりの人たちの一番よいところを引き出すために今ここでできることに集中すべきだと強調している。

孔子は各人の幸福には関心を向けていないが、よりよい人間になろうと努力することでもたらされる深い幸福については知りつくしていた。自身の人柄について問われた際、つぎのように答えている。

熱中すると食事を忘れ、興が乗ると憂いを忘れ、まもなく老《お》いがやってくることにも気づかないような男だ。[9]

小さいことからはじめる

私心に打ち克《か》って礼の規範に立ち返るのが仁ということだ。[10]

「お願い」と「ありがとう」の礼の歴史を思い出してみよう。ささいなことに見えた数世紀前の変化が、やがてもっと大きな変化につながった。新しい世界が発展しはじめ、人々が互いを対等の存在であるかのように扱うとどんな気分かを想像できる世の中になり、さらに、実際に互いを対等に扱った気分をつかのま体験できる世の中になった。時代とともに、人間はみな平等であるべきだと広く信じられる世界に変わってきた。

わたしたちは、世界を変えるには大きなことを考えなければならないと思いがちだ。孔子なら反論もしないかわりに、おそらくこうも言うだろう。小さいことをないがしろにしてはいけない。「お願い」と「ありがとう」を忘れてはならない。人々が行動を改めることなしに、変化は起こらない。そして、人々が行動を改めるには、小さいことからはじめなければならない。

孔子は、礼によってのみ仁を修養できると説いた。そのくせ、仁を実践する生活を送っ

＊8　いまだ生を知らず、いずくんぞ死を知らん。［未知生、焉知死。］

＊9　その人となりや、憤《いきどお》りを発して食を忘れ、楽しみてもって憂いを忘れ、老《お》いのまさに至らんとするを知らざるのみ。［其為人也、発憤忘食、楽以忘憂、不知老之将至也云爾。］

＊10　おのれを克《せ》めて礼に復《かえ》るを仁となす。［克己復礼為仁。］

てはじめて、いつ礼を取り入れ、いつつくり変えるかを体得できるとも言っている。堂々めぐりに聞こえるかもしれない。たしかに堂々めぐりだ。この循環性こそ孔子の思想がもつ奥深さの一部でもある。人生の脈絡や複雑さを凌駕《りょうが》する倫理的、道徳的な枠組みはない。あるのはわずらわしい現実世界だけで、わたしたちはそのなかで努力して自己を磨く以外ない。ありきたりの〈かのように〉の礼こそ、新しい現実を想像し、長い年月をかけて新しい世界を構築する手段だ。人生は日常にはじまり、日常にとどまる。その日常のなかでのみ、真にすばらしい世界を築きはじめることができる。

4　心を耕して決断力を高める――孟子と〈命《めい》〉

人生における新しいきっかけをつかむために、なにかを計画中だとしよう。きみは、大望をいだく大学院生で社会人の仲間入りを目指しているかもしれないし、プライベートでも仕事のうえでも中年の危機の真っただ中にいるかもしれない。あるいは、今の恋人との結婚に踏みきるべきかどうか迷っているかもしれないし、夫婦ともども子どもが欲しいと思っているけれど、二人ともきつい仕事をつづけながらうまくやれるか自信がもてないでいるかもしれない。つぎに、いよいよ計画に着手したものの、挫折につぐ挫折を味わうはめになったとする。何十通も履歴書を送ったのに、すべて無駄に終わる。恋人がやっぱりきみとは結婚しないと決め、ふられてしまう。生まれた赤ん坊が重い病気だとわかり、つきっきりで世話をすることになる。あんなに計画を練ったのに予期せぬ結果に直面し、くじけそうになる。

中国の思想家のなかにも、人生でこれと驚くほどよく似た経験をした人がいる。紀元前四世紀後半、中国の戦国時代に生きた孔子学派の一人、孟子は、このような時代こそ、孔子の教えにもとづいた新しい王朝がはじまるのにふさわしいと考えた。すでに高齢の域に達していたが、諸国をめぐって君主に教えを説きつつ、自分を顧問として登用し、学説を聞き入れ、それを実践に移すよう働きかけた。

長年ののち、斉《せい》国の王が孟子を卿（大臣）に登用し、何度も引見した。孟子が生涯を捧げてきたことがすべて実を結ぶかに見えた。優れた王の後ろ楯となり、新しい平和な時代の到来を告げる王を補佐した思想家となるはずだった。

ところが、やがて斉の王は孟子の教えから学ぶことに関心などないことが明らかになった。孟子が出兵をそそのかしたように見せかけて王が隣国に攻め込んだとき、孟子は斉での自分の役目が終わったことを失望とともに悟った。王は自分の侵略行為が正義であるかのように見せかけるために孟子を利用しただけで、孟子のことばに耳を貸す気はなかったのだ。高齢の孟子にとってほかの地へ移るにはもう遅すぎた。この先ふさわしい君主に仕官するのは無理だろう。孟子は斉を離れ、故郷へもどった。

孟子はあまりにも人間的なジレンマに直面した。残念でならない挫折のせいで入念に練りあげた計画がだいなしになった。孟子は自分の運命をののしった。天を責めた。

しかし、この経験は孟子の哲学をおおいに決定づけた。孟子に言わせれば、わたしたちが慎重に人生の計画を練るとき真実だと信じているものそれ自体が、皮肉にもわたしたちをしばるものでもある。

いかに生きいかに決断するかは、結局、自分の生きている場所が条理のある安定した世界だと考えるか、それとも孟子が説いたとおり、当てにできない転変きわまりない世界だと考えるかということだ。とはいえ、世界は秩序正しく公正であり、綿密に人生の計画を立てることが成功を手にする鍵だという考えを放棄して、どうしてよい人生を送れるだろう。転変する世界に生きているなら、どうやって計画を立て、決断をくだすというのだろう。

勤勉が報われるとはかぎらない

わたしたちは将来の計画を立てるとき、未来は予測できると思い込みがちだ。もちろん、人生は一八〇度変わることがあるとか、たしかなものなどなにもないという意見にも口先でなら賛同する。それでもなお、ものごとが予期したとおりにならないと、不意をつかれて驚くことも多い。というのも、わたしたちは人生を送るにあたって、世界は条理あるものので、そこには当てにできる安定した要素がなにかしらあると考えがちで、その思い込みが決断に影響をおよぼすからだ。

孟子と同時代の思想家である墨子は、そのような世界観をもっていた。庶民に生まれ、自力で出世した人で、やがて結束の固い教団を組織した。墨子の思想書には、せっせと働く者が成功する公正な社会の構想が述べられている。

墨子は、社会が人の繁栄を実現できていないという孔子学派の考えを共有していた。倫理的によりよい人間になるよう人々に働きかけるべきだと墨子も考えていた。しかし孔子学派と違い、墨子と門人たち（墨家）は儀礼がよい人間になるのに役立つ手段だとは考えなかった。それどころか、儀礼は型にはまった無意味なもので、本当に重要なことに関心を向けるのを妨げる時間の無駄でしかないとして退けた。そして、本当に重要なのは、この場合、〈天〉、すなわち、世界を創造したと信じられていた神性を真摯に信仰することだと考えた。

墨子と門人たちにとって、天は上帝であり、善悪の明確な道徳基準を定める存在だった。人間は善良な生活を送るためにその基準に従わなければならない。基準に従えば報われるし、従わなければ罰《ばち》が当たる。孟子は、当時の人々が基準に従っておらず、それが不道徳や社会の退廃や政治の混乱をまねいていると考えた。墨家は天の道徳律にのっとった社会の再建を思い描いた。墨子は、ある種の公正な道徳律が宇宙を下から支えていると信じるように教え込めば、人々を倫理的にふるまわせることができ、その結果よりよい社会になると考えた。真摯な信仰の重視といい、儀礼への不信といい、善なる神性が創造した条理ある予測可能な世界への信念といい、墨家は多くの点で初期プロテスタントとかなり似ている。

プロテスタントの思想は、近代世界の今、人々が当たり前のことと受け止めていることがらの大部分を形づくってきた。今も神を信じているとしても、もう信じていないとしても、わたしたちはまだ同じ基本的な枠組みを信じている。安定した世界に生きる安定した自己だ。合理的な選択をする主体として行動し、なにが自分の利益になり、なにが害になるかを計算する。心をのぞき込み、本当の自分を発見し、どうすれば繁栄できるか計画を立て、その計画を実現するために勤勉に働けば、当然のように繁栄と成長がもたらされる。端的にいえば、わたしたちは墨家だ。

さらに、孔子学派の考えでは、〈仁〉、すなわち人間の善性は一般論として説明できるものではなく、その時々で自分がいる状況に応じて異なる解釈をするものだったが、墨子の解釈はきわめてはっきりしている。善とは、なんであれもっとも多くの人のためになるものと決まっていた。特別に親しい相手でも、その人についてどう感じるかは問題にすべきではない。愛には段階などあってはならないからだ。むしろ、男も女もすべての人を平等にいつくしむよう努力すべきだという。四世紀のち、同じようにイエスも隣人を愛し、敵を愛し、右の頬を打たれたら左の頬もさし出す美徳を説教した。そして今日のわたしたちは、慈善事業に寄付し、ボランティアにいそしみ、不運な人の面倒をみるようたきつけられる。

　とはいえ、もちろん墨子は、人が生まれつき倫理的にふるまうことはなく、感情や私欲が妨げになることを理解していた。社会は人々の正しいおこないをあと押しするよう組織すべきだと考えた。あと押しする仕組みには、なすべきことをしたときの賞（成功、金銭、名声）と、しなかったときの罰（失敗、降格、罰金）があった。善悪の判断がはっきりつく世界――勤勉が報われ、悪行が罰せられる世界――に生きていると信じられれば、人々はさもしい感情に従うのを思いとどまり、よい人間になろうと努力するはずだ。墨子は、正しい制度が整いさえすれば、その結果、だれもが恩恵を受ける社会になると確信していた。墨子が「兼愛」と呼んだ世界だ。

＊＊＊

　孟子はこのすべてにおいて墨子に猛烈に反対した。一見したところ、孟子の姿勢は腑に落ちないかもしれない。勤勉が繁栄をもたらし、信頼できる善悪の基準があり、すべての人が平等にいつくしまれる公正な世界のどこに異論の余地があるだろう。

　しかし、孟子はまったく異なる世界観をもっていた。源流は孔子の思想だ。孟子は世界を転変するものととらえた。勤勉がかならず繁栄につながるとはかぎらないし、悪行がかならず罰せられるともかぎらない。どんなものにもなんの保証もない。世界には、当てにできるような包括的で安定した条理などない。それどころか、世界は切れぎれで、どこまでも無秩序で、たえまない修繕が必要だと孟子は考えた。安定したものなどなにもないと認識してはじめて、決断をくだすことができ、もっとも広がりのある人生を送ることができる。

なんとも不安になる話だし、孟子でさえ受け入れるのに苦労したらしい。じつは、孟子はその人生や人となりがもっともよくわかっている思想家だ。死後に弟子たちがその教えをまとめた『孟子』は、孟子をいかにも人間的に描いた克明な物語や対話や逸話に富んでいる。書かれていることにこれほど説得力があるのはそのためだ。誤りを犯しがちで、あらんかぎりの複雑さを備えた人間であるとはどういうことなのかを伝えている。孟子は穏やかなブッダでもなければ、無私無欲のイエスでもない。泰然自若とした温和な賢人どころか、才気にあふれ、機知に富み、頑固で、傲慢で、複雑な人物――仁を会得しようともがき、ときどき自身の哲学にふさわしい行動をしそこねる男という印象を与える。

世界はたえず人間の行為によって一つにまとめられているというこの世界観から、孟子は墨子の思想がきわめて危険だと気づいた。墨子の思想が社会的な調和と兼愛の世界をもたらすことはない。それどころか、パブロフの犬のような世界をまねき、賞を得て罰を避けるために必要な行動をとるように人々を条件づけることになる。人々が純粋に自己の利益──「どうやって欲しいものを手に入れようか？」──だけをものさしにして自分の言動を考えるように訓練された世界だ。

孟子は、条理ある賞罰の仕組みなど存在しないと思わないかぎり、倫理にかなう人間にはなれないと考えた。もし存在すると信じれば、よりよい人間になる努力をしなくなるだろう。むしろ、自分が利益を得るために行動するはずだ。いかにして兼愛の完璧な世界を築くかという墨子の壮大な社会の構想は、皮肉にも、利己的な利益追求者ばかりの世界をまねくことになる。

孟子は、計算的なやり方で人間の行動を方向づけようとすれば、知的思考を感情面と分離することになってしまうと危惧した。現実的に考えて、どうして他人の子を自分の子と同じだけ愛せるだろう？　もちろん、方程式から感情をはずすのは、まさしく墨子のいわんとするところだ。理性のおかげで、思いつきや願望に左右されることなく、なにが善でなにが善でないかを合理的に判断できる。しかし、孟子の考えでは、善良な人をほかの人たちから際立たせているのは、感情をなおざりにしていない点だ。むしろ、感情的な反応を手放さず、根気強く修養している。なにが正しいおこないか──正しい決断か──をどんな状況でも見きわめられるのはそのおかげだ。

墨子と孟子のこのような思想の違いは、世界に条理があると見る者と、世界は転変すると見る者の違いをあらわしている。一方にあるのは、すべてに当てはまる法則を信じることで自分の言動が方向づけられる世界だ。もう一方にあるのは、けっして当てにできない世界、ささいな言動を通じて自己や人間関係をつちかうことで、たえず新たに築きあげる世界だ。

合理性でも勘でもない、第三の意思決定モデル

ほとんど自覚はないものの、今日でもわたしたちの決断は、世界を条理あるものと見るか転変するものと見るかによって方向づけられている。大多数の人は、墨子のように世界に条理があると見ている。ものごとがいつも計画どおりにいくわけではないことはよくわかっていても、同時に、世界が大きな仕組みによって動いていると思うきらいがある。しっかり勉強すれば学校でよい成績がとれる。よい教育を受ければやりがいのある仕事が見つかる。最愛の人と結婚すれば、それからずっと幸せに暮らしましたとさ、めでたしめでたしとなる。

ふつうわたしたちは、二つのモデルらしきものを頼りに決断をくだす。どちらのモデルも世界にはある程度の安定性があるという観念に根ざしている。

一つは「合理的選択」モデルだ。わたしたちは論理的に決断する能力を備えた理性的な生きものだ。膨大な調査をし、よい点と悪い点のリストをつくり、リスクと効果を天秤に

かけ、最大の努力で最善の結果をあげようとする。どの講義を受講するか、大学院に進むかどうか、離れた土地での就職の話を受けるかどうかをじっくり考える。

そうでなければ、もう一つの「本能的な勘」モデルを選び、自分がなにを「正しい」と感じるかという直観をもとに決断をくだす。どこで外食するか、つぎの休みの旅行をどこにするか、リビング用にどのソファを買うか決断する。

最終的に、大多数の人はこの二つをいろいろ組み合わせて使っている。下調べはするものの最終的には勘に頼るような場合もある。

世界が転変するという観念をつらぬいた孟子なら、どちらの意思決定モデルも心得ちがいと見なしただろう。計算だけで決められると確信していると、自分はたしかに理性的に決断していると思うだろうが、その決断は無意識の要素に狂わされている。これはなにも目新しい話ではない。山ほどの意思決定の研究が、感情はたびたび理性的な思考を乗っ取ると結論づけている。

しかし、だからといって直観に頼るべきだという意味ではけっしてない。直観は未熟な、あるいは利己的でさえある願望のあらわれにすぎない場合も多く、本当の意味での正しいおこないという感覚にはもとづいていない。

じつは第三のやり方がある。常に感情の感度を研ぎ澄まし、感情と理性が協調して働くようにすれば、将来を閉ざしてしまう決断ではなく、前途を切りひらく決断をくだすことができる。わたしたちは不変の世界に生きているのではなく、だからこそ、なんとしても避けるべきなのは感情を排除することだ。感情のおかげで、わたしたちは状況のあらゆる機微をとらえることができ、どの出発点からでも無事に事態を乗り切ることができる。

姉とのこじれた関係は、たった一度、腹を割って話し合い、現状を打破しようとしたところで修繕できるはずがない。むしろ、姉と話すたびに、どんなに神経を逆なでされようが、自分がどうふるまいどう反応するかを考えるという小さな決断を積み重ねていくなかで修復していくしかない。日々のかかわり方を見なおすことに意識を集中し、姉とのやりとりに影響するあらゆる細部（たとえば、きみの態度に対する姉の反応）を見逃さないように気をつけたらどうなるか考えてみよう。世界が安定していないのと同じように、二人のやりとりも固定されたものではない。それが理解できれば、感情を研ぎ澄まし、きみの好ましい反応によって好ましい道筋をつけることで、状況と人間関係の両方を並行して修正していけるはずだ。

このような道筋の候補は周囲のいたるところに存在する。年一回の親睦会がもうすぐあるからと、遠方の友人への電話をまた今度に延ばせば、友情を深めずにおくとみずから決めたことになる。きみの無沙汰は自発的な選択であり、それが今後の道筋を決める。もし、恋人がきみとの別れを考えているのに、きみのほうは今すぐにでも二人でとことん話し合うべきだとしきりに言い張り、少し時間をおいて、互いの感情が変化したり気持ちが和らいだりするのを待つ余裕さえなければ、迎えずにすんだかもしれない結末をみずから引き寄せることになる。もし、きみがていねいな口調で穏やかに苦情を言えば――顧客サービスがなっていない店で、店長と話をさせてくれと要求したところだとしよう――いらだちまぎれに声を荒らげて話し合いをだいなしにすることなく、すんなり会話をはじめることができ、おそらくは結果もよいほうへ転がる。

困っている友人を助ける一番よい方法はなにかという難問を覚えているだろうか。わたしたちはたいてい、その状況でその友人を助けるためになにができるか考え、それを踏まえて反応する。その状況だけの特殊さを認識するのは、まさしく孔子のやり方だ。友人が困っているときに、すべてに当てはまる規範や合理的な利益についてまず考えるなど、ほとんどの人には思いもよらないはずだ。

にもかかわらず、わたしたちは自分がこういう人間でそれは揺るがないと決めつける場合が多く、そのために自分をある決まった過去の役割にしばりつけている。たとえば、自分は人の気持ちがわかるタイプだと思っている場合、ためらわずに友人にずばりと助言するのは――たとえ、それが今の友人にとって本当に必要なことだとわかっていても――ただ自分らしくないという理由から気乗りしないかもしれない。きみは、「たぶん、別の友だちが、医者に行け／弁護士に相談しろ／コーチにじか談判しろと背中を押してやるんじゃないかな。ぼくは聞き役に徹しよう」と自分を納得させる。

けれども、自分を「こういう人間」だと決めつけるのは、全体の状況を感じとる繊細さや、返せる反応の幅や、示せる善良さにみずから制限をかけることだ。とめどなく移ろいゆく世界のなかで、まず全容を見きわめてから決断をくだすには、自分の感情を鍛錬しなければならない。さまざまな方向へ向かいうる複雑な自己と複雑な世界と複雑な道筋という観点から決断というものを考える意味を学ぶ必要がある。

孟子は、状況の複雑さを十分に見抜く力をつちかうただ一つの方法は、どうすれば自分の行動が建設的な道筋につながるか読み解く能力をつちかうことだと考えた。そして、だれもがそうできる素質、すなわち善の素質を備えて生まれてくると考えた。

子どもが井戸に落ちたらどうするか

ちょっと想像してみよう。きみは野原を歩いている。まわりには子どもが何人か遊んでいる。そこに突然さけび声が響き、男の子がひとり視界から消えてしまう。使われていない古井戸に足を滑らせたのだ。男の子は必死に井戸の縁にぶらさがって落ちないようにがんばっている。

きみはなんの躊躇も一瞬の迷いもなく、子どもを救いに駆けだす。井戸に身を乗り出し、男の子を無事に引きあげる。

孟子は、井戸に落ちた男の子のたとえ話を引いて、すべての人が善良になる素質を等しく備えていることを強調した。孟子によると、そう言えるのは、ただちにこの子を救いに駆けださないような人間など一人もいないからだ。そして、救いに行く理由は、賞賛を浴びるためでも、謝礼をもらうためでも、子どもの親からたたえられ感謝されるためでもない。どこにいてもどんな人でも見せるだろう自然な反応であり、ただその子を救いたいという純粋な思いからわきあがってくる。

この本能を発達させられれば、ほとんどどんな状況でも、なにをすべきか、どう決断すべきかがわかるにちがいない。とはいえ、善の素質を発揮するのはむずかしい。わたしたちは隣人のうわさ話をし、友人をうらやみ、子どもを怒鳴りつける。再三再四、つい自分の最悪の面をおもてに出してしまう。もしだれもが、生命の危険にさらされた子どもを助けようと駆けだすのなら、なぜわたしたちは日々の生活のなかで何度となくまわりの人を傷つけてしまうのだろう。なぜ善の素質をはぐくむためにもっと努力をしないのだろう。

すべての人が天性の善の素質を備えて生まれてくると信じていた孟子にとっては、これはよけいに理解しがたいことだった。孟子はつぎのように言う。

> 人間の本性が善であるというのは、ちょうど水が低いほうへ流れていこうとするようなものだ。低いほうへ流れない水がないのと同じように、本性が善でない人間はい

ない。[11]

けれども、この善は素質として存在するにすぎない。人間の本性は潜在的に善だが、遭遇するものによって失われることも、ゆがんでしまうことも、変質することもある。孟子も言っている。

たしかに、流れをせき止めて逆流させれば、水を山の頂上に押しとどめて低いほうへ流さないでおくことができるだろう。しかし、それは本当に水の本性だろうか。そうなるように外から勢いを加えたからにすぎない。人間が時によからぬことをしてしまうのも、それと同じ理由からだ。[12]

孟子は、善良になる方法を理解するために、善の感覚を腹の底で理解するよう人々に求

＊11　人の性の善なるは、なお水の下《ひく》きに就《つ》くがごとし。人善ならざることあるなく、水下《くだ》らざることあるなし。「人性之善也、猶水之就下也、人無有不善、水無有不下。」

＊12　今それ水は……激《げき》してこれを行《や》れば、山にあらしむべし。これあに水の性ならんや。その勢いすなわちしかるなり。人の不善をなさしむべきは、その性もまたなおかくのごとければなり。「今夫水……激而行之、可使在山、是豈水之性哉、其勢則然也、人之可使為不善、其性亦猶是也。」

めた。善良であるとは身体感覚でどんな感じがするのか。それを体感するために日々なにをすればいいのか。

孟子はこの問いに答えるために、初期段階の善を小さな芽のようなものだと考えるよう説いた。どの芽ももっと大きなものに育つ素質をもっている。けれども、小さな芽はゆきとどいた環境でしかるべく栽培し、その潜在的な成長の力を現実のものとしなければならない。同じように、わたしたちはそれぞれ、自分の内に初期段階の善をもっている。だから孟子は、めいめいが君子のようになる素質、つまり、だれもが繁栄できる環境をつくり出せるようになる素質を生まれつき等しくもって人生をスタートすると結論づけた。

ところが、わたしたちは芽をほったらかして水や栄養をやり忘れたり、そうでなくても、強引になりすぎたりするきらいがある。芽をつかみ、ぐいと引っ張って促成しようとする。これでは自分の生来の善を混乱させるばかりか、自分がみじめな気持ちになり、簡単に最悪の本能——ねたみ、怒り、うらみに支配されてしまう。これは自分の人間性を傷つけ、まわりの人を傷つける。自分の最悪の部分を解き放つことで、他者の最悪の部分を引き出し、その人の芽まで摘みとってしまう。ほとんどの人は潜在的な力を現実のものにできていないが、しかたがないとあきらめる必要などないのだ。

善が本物の芽のように実際に身体的に知覚できるなら、善は墨家の兼愛や仏教徒の普遍的な慈悲のような抽象的なものではない。善は、会ったことさえない赤の他人に対しても、生涯の友に対するのと変わらぬ気持ちをいだくよう求めるような、いかなる教義とも無関係だ。むしろ、今このとき日々の生活をともにすごしている人たちにもまれながら、感じたりはぐくんだりできるものだ。

どんなにささいな行為でも、親切なおこない——人に温かいことばをかける、見知らぬ人のためにドアを押さえる、大雪のあと隣人が車を掘り出すのを手伝うなど——をするたびに注意を払っていると、ぬくもりやほてりのような身体的な反応を体感できるだろう。このたしかな感覚は、孟子のいう善の芽が、寛大なおこないや他者とのつながりによってはぐくまれ、体内で成長している感覚だ。

身体的な感覚に注意を払い、自分のよい面をはぐくみ、自分自身や他者に与える影響に気づくにつれ、善の行為をつづける意欲が出てくる。こうすることで、きみは善を観念上ではぐくんでいるのではない。この歩みのあらゆる段階で、善が育つ土壌に種をまく方法を学んでいる。きみは独りぼっちの農夫として、貧相な畑で自分の芽を栽培するところからはじめるが、その影響は外へ向かって伝播する。きみの善を受け取った側の人たちがその結果として感化され、もっと善良にふるまい、自分の善の芽を育てつづけようと思うようになる。このような善の瞬間が増えていき、やがて一日のすべてを占めるようになり、いずれは一生を占めるようになる。

理性でも感情でもなく、「心」で決断する

善は正しい決断をくだすことにどうかかわっているのだろう。

わたしたちは感情の反応を完成させたとき、人間性の大きな可能性を発揮する。他者とのかかわりを通じて自己を修養しつづけ、善の芽をはぐくむようたゆまず努力する。そうすれば、最終的に、どんな状況でも道義にかなった正しい決断をくだす方法が体得できる。

墨子のように、知性の機能と感性の機能とをはっきり区別することや、理性と感情をできるだけ切り分けることを信条とした思想家もいるが、中国語では「マインド＝理性」と「ハート＝感情」を「心」という同一のことばで表現する。心は感情の中枢であり、同時に理性の中核でもある。熟慮したり、思案したり、黙考したり、愛や喜びや憎しみを感じたりできる。偉大な人物になる人とそうでない人を隔てるのは、やみくもに感性のみや知性のみに従うのではなく、「理性＋感情」である心に従う能力だと孟子は説いた。心を修養することで、賢明な決断をくだす能力が育つ。

一生を通じて直面する選択について考えてみよう。夕食をなんにするか、つぎの休暇にどこへ行くか、仕事を変えるべきか、離婚を申請すべきか、つまらないものから重大なものまで、人生ではさまざまな選択に迫られる。賢明な決断は、理性的にものごとを考えるだけではくだせない。心がなにを正しいおこないだと判断しているか完全に理解しなけれ

ばならない。理性と感情が融合したとき、はじめてよい決断ができる。

　感性の導きに従順だと、見さかいのない愚かな決断をくだす。空腹でもないのに食べすぎてしまうようなあまり重要でない決断でも、パートナーに冷たくされたと感じて激しくなじってしまうようなもっと重大な決断でも、感性はたびたびわたしたちを誤った方向へ導き、その場その場で愚かな反応をさせる。

　けれども、心を修養しておけば、もっとぐらつきのないはるかに安定した場所に立ってものごとに反応できる。衝動や感情の揺れにかき乱されることなく、大局に注目し、なすべきことを知ることができる。どの反応が自分やまわりの人から最善の部分を引き出すかがわかる。

　古井戸に落ちた子どもに話をもどそう。このたとえ話は、いうまでもなく、ごくまれな危機を描いている。わたしたちが人生で直面するほとんどの決断はここまで明確ではない。まだ潜在能力でしかない善の素質は、どう行動すべきかを瞬間的に教えてくれるわけではない。もちろん、男の子を助けろと命じはする。けれども、個人的な危機にさらされているいとこを助ける場合、具体的にどうするのがもっともいいのだろう。きみの将来にふさわしいのはどの求人だろう。病気を患った親の近くに引っ越すべきだろうか。

　孟子流のやり方で理性面と感情面を統合するとすれば、自分の感情的な反応に注目し、それを改善するよう努力することだ。理性を使って感情を修養する。日々、なにが自分の感情や反応を誘発するか意識する。きみが世界をとらえるときのパターン化した習癖、つまり深く刻み込まれた物語はなんだろう。食洗機に皿を入れているときパートナーから並べ方が悪いとケチをつけられると、それに触発されて、どうせ自分はなにもできない子だという気持ちにさせられた子ども時代の記憶がよみがえる？ 自分には人を納得させられるような意見など言えるはずがないからと、自己主張せずについ相手に合わせてしまいがち？

一日を通じて、感情の引き金や感情を左右する古い行動パターンをすべて意識するようになれば、いつでも自分の反応を磨きはじめられる。気をつけてもらいたいのは、感情的な反応に注意を払うといっても、仏教の無念無想や如実知見におおまかにもとづいた「マインドフルネス」と呼ばれる人気の瞑想の概念とは違うということだ。自分の感情を観察し、それを受け入れ、そして解放することである種の内なる平穏を得ようといったたぐいのものではない。というのも、かりにそれで安らかな気分になったとしても、ふたたび世界とかかわりをもちはじめれば、すぐにしぼんでしまうからだ。また、生きとし生けるものに抽象的な憐れみを感じることでもない。心の修養は外へ向かう行為で、世界から自分を取り除くためではなく、世界に参加するためにおこなう。そのため、あらゆる交流を通じて自分自身もまわりの人も向上させられる。マインドフルネス的な意味ではなく、孔子的な意味で注意を払うということだ。

外界のできごとが日々の感情的な反応を誘発する。たとえば、よちよち歩きのわが子が、自分だけのために手ずから花を摘んできてくれたとき、一気にこみあげる喜び。街角で元カレに偶然会ったとき、一瞬走る痛み。まぢかに迫った締め切りについて念を押すメールが上司から届いたとき、ぎくりと胸を突く不安。すべての反応が積み重なっていく。すると、人生はパターン化した未熟な反応の連続になる。それもよくない結果に終わりやすいパターンばかりだ。事実、わたしたちが意識的にくだしたと思いがちな決断は、昔からの行動パターンを演じているにすぎない場合が多い。しかし、感情を修養すれば、時間や経験とともに、ほかの人の気分をもっと正確に感じとり、特定の状況でなにが起きているか実態を評価し、それをもとに結末が変わるように取り組めるようになる。解決したい問題が隣人とのいざこざでも、落ち込んで苦しんでいる友人でも、学校で勉強についていけなくなっている子どもでも同じだ。日ごろからこうしたこまかい襞《ひだ》の部分を常に気にかけ、それを変えるためになにができるか判断する力を養っていけばいい。

きみが締め切りに追われていると、きまって何度もじゃまをしにくる同僚がいるとしよう。そのせいで、きみはこの同僚をまわりの見えない迷惑な女性だと考えるようになっている。いっそよそよそしい態度をとってやろうかという思いにかられるかもしれない。あるいは、降参しておしゃべりにつき合うけれど、その後、貴重な時間を無駄にしてしまった自分に腹を立てる。あるいは、かんかんになって、こちらがどんなに忙しいか気づかないのかと怒りをぶつける。あるいは、友人にぐちって、友人から、ちゃんと自己主張して今は話せないとはっきりと言ってやれとすすめられるかもしれない。しかし、「じゃまをしてくる迷惑な同僚」と相手にレッテルをはって、そういう人たち全般に有効な対策をとろうとするより、その同僚のことを感受性と習癖と行動パターンと感情とふるまいが複雑に組み合わさった個人として認識しはじめれば、もっとも広がりのある反応ができる。

同僚は、この所定の状況で、なんらかの理由で、ある一面が出てきているだけだし、それはきみも同じだ。問題に真っこうから取り組んで、二人のあいだに解決すべき問題があると同僚に告げ、話し合いできみの立場をわからせたくなるかもしれない。しかしもっと効果的な戦略は、きみがなにかを改めることで、この状況の向かう先が長い時間をかけてどう変わっていくか理解することだ。同僚のことをいつもあのとおりの一元的な人間だととらえるのではなく、さまざまな面をもち、どこまでも複雑な存在だと考えれば、ぱっと視野がひらけ、状況を変えるために試せそうなことがいろいろ見えてくる。同僚ばかりか、自分自身の別の面を引き出すためにできるちょっとしたことが思い浮かぶようになる。同僚は、人恋しいとき話しかけてくるのだろうか。ならば人との交流を求める気持ちを満足させるほかの方法はないだろうか。あるいは、迷いがあって自信がもてなくなると何度も顔を出しにくるのだろうか。だとすればその不安感に対処するところからはじめるのがいいかもしれない。

では、つぎの場合はどうだろう。だれかがきみに怒りをぶつけてきた。たとえば、長年、鬱積していた兄弟間のわだかまりがついに爆発して表面に出てきたとする。この場合の磨かれた反応とは、反射的に自分自身の怒りを——たとえそうしたい衝動にかられても——ぶつけ返すことではない。弟をなだめすかしたり、無感覚になったり、安易に対話を避けたりすることでもない。磨かれた反応は、少し時間をとって、弟のふるまいの裏にある感情や、行動を誘発したきっかけをすべて理解するところからはじまる。もちろん、爆発を触発した直接的なきっかけはほかにあっただろうが、現在の二人の関係は、ほぼまちがいなく何年にもわたって——きみにとっても弟にとっても——パターン化した反応を積みあげてきた結果だ。怒りがどこからきているのか見きわめ、それを変えるためになにができるか感じとる努力からはじめれば、どうせ弟はこういうやつだという思い込みのパターンから抜け出せるはずだ。新しい働きかけを考えつくだろう。ちょっとした意思表示（相手の怒りを受け止める、自分自身の責任を認める、双方の頭が冷えるまで待ってから話すことに決めるといった単純なことでかまわない）が役立つ。直観とは相いれないし、目先の問題に熱くなって反応するかわりに、根底にある力関係に働きかけることが目的ではあるけれど、だからこそ、その力関係を打ち破る力がある。

どれもわたしたちにとって目新しい考えではない。これが最善の反応の仕方であることはみんな承知している。とはいうものの、非常にむずかしい対人関係の問題に対応する場合、こうした磨かれた反応は、わたしたちがいつも最初にとる反応ではない。ほとんどの人は、その場の感情や速やかな解決を望む気持ちに翻弄されるものだ。いつもと違うこのやり方は、たしかに手っ取り早い解決策ではない。一朝一夕に事態を改善してくれるものは一つもない。しかし、ものごとを大局的にとらえ、長期的にどうなるか考える経験を積み重ねることになる。できるだけ広い視野で、どうすれば結末を変えられるか理解したうえで状況に対応できるように鍛錬することを心がければ、たえず自分の善の素質をつちかっていける。感情を退けるというのではない。そんなことをすれば、状況の背景全体を感じとる能力をなくしかねない。そうではなく、感情に磨きをかけ、よりよい反応が直観的に前面に出てくるようにするということだ。

　これが心を修養するということだ。きみはもっと敏感に世界に反応できるようになり、よい面はもとのまま保たれ、見通す力も損なわれずに残る。孟子が「権道《けんどう》」と呼んだ臨機応変の判断とは、それぞれの状況をこまかい襞まですべて慎重に考慮しつつ、本能的に道義にかなった正しい決断をくだせるということだ。心の鍛錬は、判断力を研ぎ澄ますことを意味する。大局を見すえ、人のふるまいの裏に本当はなにがあるのか理解する。不安や恐れや喜びなどの異なる感情が人の異なる面を引き出すこと、人間はかたくなだと思ってしまいがちだがそうではないことを心にとめておく。正しい行動に対する感覚は、古井戸に落ちた子どもを助けずにはいられない気持ちにさせる本能から、もっと複雑で発達したものになる。危機にさらされている子どもになにをしてやるべきか意識して自問する必要がないように、心をはぐくんでいれば、人生における日々の遭遇にもまれながらも、どのように進んでいくか自問する必要はなくなる。

人生の大きな決断で失敗するのはなぜか

こと人生の大きな決断――大学でなにを専攻するか、転職するか、だれと結婚するか――に関するかぎり、わたしたちはちょくちょく失敗する。たとえ心で臨機応変に決断し、自分の行動が常に世界に小さな変化をもたらしていることを自覚しても、やはり世界には条理があると考え、ゆえに、世の中には揺るぎないもの――わたし、わたしの強みと弱み、わたしの得手と不得手、数十年後も不変な世界、世界のなかのわたしの居場所――があるという考えに固執してしまう。

そのため、短期的な反応だけでなく、長期的な人生設計までも安定という幻想を当てにしてしまっている場合が少なくない。わたしたちは目標を達成するためになにができるか具体的に計画を練る。たとえば、職業を決める場合、なにが自分に一番ふさわしいかじっくり考える。自分はどんな人間で、どんな強みがあるかを見きわめ、その自己査定をもとに講義や活動に集中し、いよいよ、自分が信じる固定化した自己像の定義にもとづいた職業の道を歩みだす。

しかし、自分の思う自己像――とくに、決断をくだすときこれが「自分」だと思っている自己像――は、たいていきみが陥っている一連の行動パターンでしかない。自分のことを悲観的だと思うだけで悲観的な人間になりかねないのと同じように、自分の決断が自分の人となりを反映していると思うだけで、自分がどんな人間になるかを方向づけるような決断をくだしかねない。しかし、これをすると、はじめる前から自分自身を箱に押し込めることになる。

世界に条理があるという観念を頼りに理性的に人生の大きな決断をくだす場合、わたしたちは、わかりやすい状況、わかりやすい可能性、揺るぎない自己、常に変わらない感情、常に変わらない世界を前提としている。ところが、そもそもこれは前提でもなんでもない。具体的で明確な計画を立てようとすることで、反対に抽象的になっている。というのも、きみは抽象的な「自分」のために計画を立てているからだ。きみの想像する将来の自分は、きみが思う今の自分をもとにしているが、きみも世界も環境も変化することを忘れている。わずらわしい現実の複雑さから自分を切り離しているが、その複雑さは自分が人間として成長するための基盤となる。きみは人として成長する可能性を排除している。将来きみがなるだろう人物の利益ではなく、今きみがたまたまなっている人物の利益を最優先し、それに合わせて人としての成長を限定しているからだ。

かわりに、世界が不安定だとたえず意識しつづければ、変化しつづける複雑な世界と変容しつづける複雑な自分という認識にもとづいて、すべての決断や反応を考えられるようになる。心をしっかりひらく鍛錬を積み、自分をつくっている複雑な要素をすべて考慮に入れられるようになる。最善の結果が得られるのは、長期的な道筋という観点からものごとを考えたときだ。もっとも広がりのある決断は、ものが育つ土壌をつくることから生まれる。

ここで、『孟子』におさめられている文明の夜明けの先がけとなった古代の聖王についての物語を見てみよう。〝天下がまだ平定されず、いたるところで大水が出て国中に氾濫し、五穀がまるで実らなかった[13]〟時代のことだ。

聖王の禹《う》が世界に秩序をもたらすために遣わされた。地を掘り、農作のために灌漑をおこなった。

禹は黄河下流に九つの川筋を通し、済《せい》水と漯《とう》水を浚《さら》って東海に流しこみ、汝《じょ》水と漢水の水路を切りひらき、淮《わい》水と泗《し》水をひらいて揚子江へ流し込んだ。こうしてやっと、

＊13　天下なおいまだ平らかならず。洪水《こうずい》横流し、天下に氾濫す。……五穀みのらず……［天下猶未平、洪水横流、氾濫於天下、……五穀不登……］

中原《ちゅうげん》の人々は十分に食べることができるようになった[14]。

白圭《はくけい》が言った。「私の治水は、あの有名な禹《う》のやり方に勝《まさ》っている」

孟子は言った。「いいや、それは違う。禹の治水は自然な流れに従って水を導いている。だから、禹は四方の海を水のはけ場として、そこへ流し込んだ。ところが、あなたは隣国を水のはけ場と考えて、そこへ流れ込むようにしただけだ。水が流れる先をなくして逆流することを洚水《こうずい》という。洚水とは今で言う洪水《こうずい》のことで、仁者が忌み嫌い、絶対に避けようとすることだ。あなたはまちがっている[15]」

禹《う》が水の流れを導いたときは、無理をせず害にならないほうへ流した[16]。

禹王は用水路や排水路を掘って環境を激変させたが、まず水の自然な流れや動きを理解し、そのうえで変化を起こした。

物語の要点は、なにもせずに水が自然に流れるにまかせるべきだという話ではない。なにもせずに芽が自然に育つにまかせるべきではないのと同じだ。水路をひらいた禹王のようになれということだ。作物を栽培する農夫のようでなければならない。農夫は能動的で意識的だ。適切な土地を選び、雑草を抜き、土を耕して肥料を与え、作物——その土地の気候でよく育つことが前もってわかっている種類――を作づけする。その後も丹精を込めて田畑を手入れし、草取りをし、水やりをし、作物に十分日が当たるよう気を配る。しかし、仕事はここで終わりではない。休みなくつづく。野生の動物に荒らされないように柵をめぐらし、土壌の性質の変化に合わせて作づけする作物を変える。また、タイミングとペース配分にもとても敏感だ。変化を起こすべきときと待つべきときをわきまえている。農夫が田畑に影響をおよぼす事態に常に目を光らせているように、わたしたちも人生に新しい状況が生じたときいつでも反応できるように常に敏感でありたいと思っている。

能動的であるとは、水の流れを強引にせき止めるという意味ではない。水には低いほうへ流れる傾向があるという事実をうまく利用して水の管理に役立てるといったことだ。孟

＊14　禹《う》九河を疏《つう》じ、済《せい》・漯《とう》をおさめ、これを海に注ぎ、汝《じょ》・漢《かん》をきりひらき、淮《わい》・泗《し》を排《はい》してこれを江《こう》に注《そそ》ぐ。しかして後中国得《え》て食《くら》うべきなり。［禹疏九河、瀹済漯而注諸海、決汝漢、排淮泗而注之江、然後中国可得而食也。］

＊15　白圭曰《はくけいいわ》く、丹《たん》の水を治むるや、禹《う》よりまされり。孟子曰く、子《し》過《あやま》てり。禹の水を治むるは、水をこれ道《みちび》けるなり。この故に禹は四海《しかい》をもって壑《たに》とせるも、今吾子《ごし》は鄰国《りんごく》をもって壑となす。水逆《ぎゃ》行《つこう》する、これを洚水《こうずい》という。洚水とは洪水《こうずい》なり。仁人《じんじん》の悪《にく》む所なり。吾子過てり。［白圭曰、丹之治水也、愈於禹、孟子曰、子過矣、禹之治水、水之道也、是故禹以四海為壑、今吾子以鄰国為壑、水逆行、謂之洚水、洚水者洪水也、仁人之所悪也、吾子過矣。］

＊16　禹《う》の水を行《や》るや、その事なき所に行るなり。［禹之行水也、行其所無事也。］

子も言っている。〝智者が嫌われるのは、むやみに穿鑿《せんさく》するからだ。水の流れを導いた禹《う》のようであるなら、嫌われるところはなにもないはずだ。禹が水の流れを導いたときは、無理をせず害にならないほうへ流した[17]〟

能動的であるとは、最適な状態をつくり出し、どんなさまざまな状況が生じても反応することだ。変化が育つような土壌をつくることだ。自分が何者であるか考えて、それに合わせて目標を決めるのではなく、自分を農夫だと考えてみよう。すると、きみの目標は、きみのさまざまな興味や側面が有機的に育つような土壌をつくることになる。

ほとんどの人はなにか趣味や関心ごとをもち、週末や自由時間に楽しんでいる。しかし、人生でやりたいことを見きわめることとはなんの関係もないと考えがちだ。けれども、土壌をつくりたいなら、自分が育てたいと思っているさまざまな側面に関係した活動に参加する時間を見つけるだけでいい。ワイン講座に参加する、水彩画を習う、週一回の言語交換会で高校レベルのフランス語をやりなおす。あらゆる種類の可能性に備えて先まわりして人生にゆとりをもうけ、心をひらいて感応力を高めておくのは、作物がよく育つように田畑の下ごしらえをする農夫の仲間入りをすることでもある。

関心ごとのためにゆとりをつくればチャンスがひらける。水彩画を習って自分は手を使う作業が好きだと気づいたけれど、絵画より木工細工に挑戦しようと思うかもしれない。あるいは、フランス語は向いていないとあきらめて、かわりに公立図書館で外国人向けの個人指導員をしてほかの文化に触れようと思い立つかもしれない。いずれはそれが別のこと――新しい友人、海外旅行、将来の転職――につながることもありうる。自分の興味が時間とともにどう変わっていくかに敏感に反応することで、自分を箱に閉じ込めずにすみ、人生を変える力がつき、成長を可能にするようなスケジュール管理もできるようになる。

これは、「わたしはなんだろうとなりたいものになれる」と考えるのではなく、「自分がなにになれるかは、まだ自分でもわからない」という気持ちでいろいろためしてみるやり方だ。どの可能性が自分をどこへ連れていってくれるかはっきりしない。それはまだ知りようがないからだ。けれども、自分自身について、そして自分がどんなことにわくわくするかについて発見できることは抽象的ななにかではない。実践の経験から得たとても具体的な知識だ。時間とともに、想像もしなかった道がひらけ、それまで気づくことさえなかった選択肢が姿をあらわす。長い年月をかけて、きみは文字どおり別の人間になる。

人生のすべてがどう進展するか計画を練ることはできない。しかし、ものごとが決まった方向へ進みやすいような状況、すなわち可能性が豊かに実る状況をつくるという観点か

＊17　智に悪《にく》む所の者は、そのうがつがためなり。もし智者にして禹《う》の水を行《や》るごとくならば、すなわち智に悪むことなし。禹の水を行るや、その事なき所に行るなり。［所悪於智者、為其鑿也、如智者若禹之行水也、則無悪於智矣、禹之行水也、行其所無事也。］

ら考えることは可能だ。そうすることで、きみは農夫になるだけでなく、農夫が手塩にかけて育てた成果そのものになる。きみはきみ自身の労働が結実した果実なのだ。

どうすれば自分で〈命《めい》〉を変えられるか

人生に幅をもたせ、感応力を高めておいても、ものごとはいつもうまくおさまるとはかぎらない。仕事に応募して、面接でこれ以上ないというほどがんばっても、最後の最後で落とされることだってある。恋人との関係に身も心も捧げたあげく、ふられてしまうこともある。旅行するために仕事を半年間休む算段をつけたやさきに父親が重病だとわかり、最後の数カ月をともにすごすために旅行を取りやめることもあるだろう。これが孟子の目に映った世界の姿だ。墨家の世界とはかけ離れている。

孟子の世界は〈命《めい》〉が広くいきわたっている。命には、天命、運命、宿命などさまざまなことばがあてられてきた。しかし、孟子にとっての命は、人生の偶然性を意味することばだった。吉凶禍福は人のコントロールがおよばぬところで起こる。命が伝えているのは、（求人などの）棚ぼた式のうまい話や（死別などの）悲しいできごとはたとえどんな計画や予定を立てていても起こるということだ。

わたしたちも命のなんたるかを知っている。才能のある人がクビにされ、つぎの仕事を見つけられずにいる。あろうことか、愛する人に捨てられてしまう。親友が急死し、残された幼い子どもたちが嘆き悲しむ。孔子は愛弟子の夭逝《ようせつ》という悲劇を経験した。孟子は、前にも触れたが、後年になって斉《せい》の王に利用され、人生の苦境に立たされた。孟子は、自分に深い影響を与えるできごとも自分ではコントロールできないという事実をやっとの思いで受け入れた。最良の計画も精いっぱい慎重にくだした決断も、不条理で時に悲劇的なできごとが起こらない保証にはならない。

世界が安定していると解釈すると、文化的に認められた二つの道――運命を信じるか、自由意志を信じるか――の一方へと導かれることになる。運命論者なら、なにが起ころうと、神性なり宿命なりの定めによって避けようがなかったのだと考えるだろう。あるがままの宇宙を受け入れようと努力する。自由意志を信じる人なら、みずから運命を支配していると考え、手をこまねいてみすみす悲劇に見舞われるのはがまんできないだろう。左遷、離婚、死別などに直面した場合、責任を感じてぼろぼろになるかもしれないし、まったく動じることなくはやばやと気持ちを切りかえるかもしれない。これはすべて人生の無常を否定した受け身の反応だ。

しかし、孟子は命についてこう言っている。〝手かせ足かせをはめられて死ぬのは、正しい運命ではない〟[18]

手かせ足かせをはめられて死ぬとは、身に降りかかった事態に正しく反応できなかったことを意味する。悲劇に完全に打ちのめされてしまうにしろ、できごとを甘んじて受け入れるにしろ、どちらの反応も、崩れかかった塀の下に立ったまま、その塀の下敷きになって死ぬのが自分の運命だと認めるのと変わらない。

しかし、もっと違う反応の仕方がある。命を方向づけ、自分の手で将来をつくることのできる反応だ。孟子はこう説いている。〝命を心得た人間は、崩れかかった危険な塀の下などには立たないものだ。なすべきことに力を尽くしてから死んでこそ、天命をまっとうしたことになる[19]〟

転変きわまりない世界に生きるとは、人の行為がかならず報いられる道義にかなった安定した宇宙に生きてはいないと受け入れることだ。本物の悲劇が起きるのを否定してはいけない。しかし同時に、自分の身になにが降りかかろうと、常に驚きに備え、どう対処するか学ばなければならない。その努力をつづければ、たとえ悲劇に遭遇した場合でも、世界は気まぐれであり完璧に規定することはできないと受け入れられるようになる。そして、これこそが転変きわまりない世界に期待できる部分だ。世界が本当にいつも切れぎれで気まぐれでありつづけるのなら、改善するためにいつも取り組みつづけられる。自分がなりうる最高の人間でいようと決意してすべての状況に臨むことができる。それも、状況からなにかを得るためではなく、状況がどう転ぼうが、ただまわりの人たちをよい方向へ感化するためだ。みずからのよい面をつちかって気まぐれな世界に向き合い、そのなかで世界を変えていくことができる。

この展望は、「自分は何者か」とか「いかに人生を設計すべきか」といった大問題を問うものとは大きく異なる。むしろ、日常レベルでささいな変化を起こすようにいつも努力するという話だ。それができれば、自分のまわりにすばらしい共同体をつくることができ、そこで人々は繁栄する。そうなってもまだ取り組みはつづく。自己の、そしてほかの人の向上のために努力し、よりよい世界を築くための取り組みに終わりはない。

運命に直面したとき、完全に打ちのめされた気分になるべきではないし、とにかくいいほうへばかり考えるのもよくない。ポジティブシンキング論者は、どのような困難な状況にあってもすべてなんとかなると断言する。しかし、この立場がはらむ危険性は、受け身な態度になってしまうことだ。できごとは起き、それはコントロールできないが、行動を起こすと選択することはできる。崩れかかった塀から離れ、自分の命に反応して、それに応じて将来を形づくればいい。

命は、身の上に降りかかる悲劇だけにとどまらない。よいことの場合もある。思いがけ

＊18　桎梏《つみうけ》て死する者は、正命《せいめい》にあらざるなり。［桎梏死者、非正命也。］

＊19　命《めい》を知る者は、巌墻《がんしょう》の下《もと》に立たず。その道を尽《つ》くして死する者は、正命《せいめい》なり。［知命者、不立乎巌墻之下、尽其道而死者、正命也。］

ないチャンス、してみたかったことができる予想外の好機、一生の道筋を変えることになる相手との偶然の出会い。あまり計画にこだわりすぎると、こうした好機をあえて逃してしまう。そして、その未来である日ふと気づくと、人生に閉じ込められたように感じることだろう。その人生は、よくても、ある時点で自分が考えた自己像のほんの一断片を反映しているにすぎない。

はっきりした指針や安定した世界があるという観念を捨て去れれば、わたしたちに残るのは道案内をしてくれる心だ。心がすべてであり、わたしたちはともにすごす人たちとの関係を通してそれを育てていく。心はものごとを正しく感じとり、成長のための地ならしをし、自分にあるものを生かすのを助けてくれる。そうすれば、自分はこういう人間だと思っていたものがすべて変わりはじめるはずだ。存在することさえ知らなかった自分の隠れた一面が見つかる。かつては安定していると思っていた世界が、無限の可能性に満ちた世界に見えてくる。

5　強くなるために弱くなる——老子と〈道《タオ》〉

きみは森を歩いている。晴れあがった夏の午後だ。明るい日の光が緑あざやかな葉のあいだからもれてくる。遠くのほうに、ほかの木よりはるかに高いりっぱなオークの大木が生えている。あまりに高いせいで、てっぺんがやっと見えるくらいだ。数メートル離れて、大木の陰に小さな若木が育っている。たぶんきみは、大木のほうが強く、硬く、威厳があり、若木はもろく、頼りないと思うだろう。

しかし、そこに暴風がやってきて、森の地面には大きな枝が散乱する。オークの大木は激しい風と雨と雷にもちこたえられそうにない。結局、オークの大木は地面に倒れてしまい、若木はそのまま無傷で残る。なぜだろう。若木は暴風のなかで風にしなり、たわんだが、柔らかくしなやかなために、暴風が去ったあともとどおりまっすぐになった。若木はまさしくその弱さのおかげで、繁茂し優位に立つことができる。

わたしたちはたいてい、当然のこととして——なぜなら、そう教わっているから——影響力をもつにはこのオークの大木のように強くたくましくあらねばならないと考える。影響力を発揮するには、もっともらしく自己を主張し、こちらの意思に相手を屈服させなければならない、と。

＊＊＊

しかし、これとは別の影響力の秘訣が中国哲学の書物のなかにある。たとえば、『老子』（『老子道徳経』ともいう）だ。これによると、影響力は、弱そうに見えることの強みを生かし、分け隔てすることの落とし穴を理解し、世界を相互に関係のあるものととらえることから生じる。強さで強さを制することで力が生まれると考えるかわりに、まったく異質なことがらや、状況や、人のあいだのつながりを理解することから真の力が生まれると考える。これはすべて、『老子』において〈道《タオ》〉と呼ばれているものの解釈から来ている。若木が生き残れるのは、道に近い存在だからだ。

とはいえ、若木はしょせん若木にすぎない。風が吹けば揺れ、無自覚に成長する。わたしたち人間の場合、できることははるかに多い。つながりを理解できるだけでなく、新しいつながりを築いてまったく新しい現実と新しい世界を生み出せる。世界の建設者になることが力をもつ方法だ。

〈道〉とは探すのではなくつくるもの

老子は、『老子』の著者とされる中国の思想家で、謎につつまれた人物でもある。いつ生きた人なのかもわからないし、これが実在の人物の名前なのかどうかさえ議論が分かれている。中国語の「老子」はたんに「大先生」を意味し、だれのことを指してもおかしくない一般名称だ。しかし、のちの時代の人々は、この説得力のある書物の著者をはっきりさせようとした。やがて、老子は孔子より前に生きた偉大な聖人とされた。三〇〇年生きたと伝えるとっぴな説もあれば、のちにインドまで旅してブッダの名で知られるようになったと主張する説まである。また、老子は道家と呼ばれる学派の始祖として――そしてのちに、道教と呼ばれる宗教運動の始祖として知られるようになった。ある伝説によれば、老子は本物の神で、宇宙の創始者であり、その神の啓示がのちに『老子』におさめられたという。

とはいえ、老子は道教を創始してはいない。「道教＝道を説く教え」ということば自体、『老子』が書かれた数世紀あとになってようやくできた。過去にさかのぼって老子が道教の始祖と考えられるようになったのは、『老子』がたびたび〈道〉を説いているからだ。

ほとんどの人は、道と聞けば、それがなんであるかぼんやりと見当がつく。中国の山水画を思い浮かべてみよう。筆と墨でさらりと描かれた山々はもやにかすみ、点々としたおぼろげな木々に覆われている。ときどき、見えるかどうかというほど小さい人の姿が描かれることもある。自然界の広大さを慰めとするさすらい人だ。西洋人は、社会を離れ自然の調和を探求する人類の旅が描写されていると解釈しがちだ。山水画には、不変の世界と、その世界に順応して内なる安らぎと静穏を得ようとする人間が描かれているように見える。

これが一般に認識されている道だ。それは、「かなた」にある理想と理解されている。わたしたちのおよばぬところに存在する自然の極致であり、その力によってわたしたちは調和に帰らなければならない。多くの人にとって、『老子』は半神話的な「黄金時代」への回帰に思える。人生がもっと純粋で単純だった時代、人が山水画のなかのさすらい人のようだった時代だ。人は自然界と調和を保ち、あるがままの流れに身をゆだね、道に近い存在だった。

けれども、この解釈は一九世紀、西洋がみずからを近代と宣言し、東洋を引き立て役とした時代に生まれたものだ。『老子』に書かれている内容より、むしろ、調和や静穏についての伝統的な中国の思想だとわたしたちが考えているものを今日的に美化したものだ。『老子』は、どこか「かなた」にあるなんらかの調和のとれた模範にただ従うべきだとも説いていないし、さすらいの旅に出るか、素朴な太古のやり方にもどったほうが道に到達しやすいとも言っていない。無心の境地にいたり、静穏を保つために必死に努力すべきだとも言っていない。『老子』の教えはまったく違う。道は、今ここに、みずから能動的に生じさせられるものだと説く。わたしたちはだれしも、自分の生きる世界を変容させられるほどの影響力を秘めている。道はつくりかえることができるのだ。

子どものようなしなやかさを保つには

老子にとって〈道《タオ》〉とは、ことばで言いあらわせない、分化していない原始の状態であり、あらゆるものに先立つものだ。それは、

混沌としてすべてを内包するものであり、天地が生まれる前から存在していた。[20]

宇宙のあらゆるものがそこから生じ、宇宙のあらゆるものがそこへ帰っていく。また、道は複数のレベルに存在する。地上レベルでは、地に似ている。地表に生えている一本の草の葉を考えてみよう。育つにつれて草は別個のものとして分化し、もっと大き

＊20　物《もの》あり混成《こんせい》し、天地に先だちて生《しよう》ず。［有物混成、先天地生。］

くなるにつれて、さらに道から分離していく。十分に成長したオークの大木より、若木のほうが道に近いのはそのためだ。しかし、地に育つあらゆるものは、死ぬとふたたび地、すなわち道に帰る。

万物は盛んに生長している。わたしには、そのすべてがまたもとに帰っていくのが見てとれる。物はしきりに生成し繁茂するが、それぞれ生まれ出た根もとに帰っていく。[21]

もっと宇宙的なレベルでは、道は現代の物理学者がビッグバンより前に存在したとするものに似ている。恒星や銀河が生じ、宇宙が分化する以前のことだ。ビッグバン後、宇宙は分化した要素の集まりになり、空間や時間や因果の法則に支配されるようになった。この法則はわたしたちには自然なものに見え、変えることもコントロールすることもできない。わたしたちはとにかくこの宇宙で生きるしかない。分化したすべての要素は、どこかの時点でふたたび無に帰るとされる。

しかし、もっとも壮大なレベルでは、『老子』は分化する前のあらゆるものがいったいどこから時々刻々と生じているかという点に注目する。道を「万物」の母、すなわち宇宙のあらゆるものを生み出す源になぞらえている。宇宙のあらゆるものは、出現したときはじめは柔らかくしなやかだ。つまり、最初に生じたとき、万物は子どものようなものだ。まだ道にとても近いため、若木や草の葉のように柔らかくしなやかだ。ところが、時とともに万物は硬くなり、ほかのすべてのものから分化する。

世界を分化したものと見なせば見なすほど、道からかけ離れていく。世界を相互に関係のあるものと見なすほど、道に近づいていく。道に近づくことで力が手にはいる。しなやかさと弱さの力を利用できるからだ。

新しい宇宙の法則を生み出すことはできない。けれども、道は宇宙レベルで起きていることばかりではない。日々の生活というもっとも世俗のレベルでは、常に新しい状況があらわれているし、その一つひとつが道から出現したミニチュアの世界のようなものだ。道から万物があらわれ出る過程を理解すれば、そうした状況や世界のなかで漫然と生きるかわりに、状況や世界を変える力が手にはいる。実社会で新しいかかわりや環境や解釈をうまく生み出せるようになる。

このやり方を理解すれば、わたしたちはただの子どもではなくなり、母のような存在になれる。そして新しい現実を生み出す。

＊21　万物並《なら》び作《おこ》り、われもってその復《かえ》るを観《み》る。それ物の芸芸《うんうん》たる、おのおのその根《こん》に復帰す。
〔万物並作、吾以観復。夫物芸芸、各復帰其根。〕

天下にははじまりがある。それは、世界のすべてを生み出す母と言っていい。いったん母を把握すれば、その子どもである万物のことがわかる。そして、子どものことがわかったら、またその母にたちかえってしっかりと守る。そうすれば、死ぬまで危険はない。[22]

世界の仕組みを理解すれば、たんに宇宙にただよう無数の要素の一つでいるかわりに、いつでもどんなときでも道をつくりかえられる力を手にできる。

横柄な上司がいたらどうするか

人生のあらゆる状況で道をつくりかえるには、わたしたちの経験に広くいきわたっている区別が本当はどのくらいまちがっているか認識する必要がある。たとえば、アジアの哲学に詳しい人の多くは、アジア哲学がある種の離脱や孤立を奨励していることを知っている。神秘的な悟りに到達するためには、いってみれば、通常の生活を投げ捨てて山奥へ向かわなければならない。自分の世俗的な存在から自由になってはじめて、瞑想によって内なる至福と自己認識へ向かい、道との一体感を得ることができる。ひょっとすると、きみの友人にも一〇日間の瞑想合宿に参加した人がいるかもしれない。きみ自身、日常生活から抜け出してアパラチア山脈の自然歩道を踏破したいとずっと前から思っているかもしれない。海辺の長い散歩や、週一回のヨガ教室を楽しみにしているかもしれない。けれども、ハイキングをしたり、瞑想合宿に行ったり、瞑想を楽しんだりした人はみな、やがて、世界と深くつながったつかのまの実感をあとに残して、それぞれの通常の生活にもどらなければならない。

わたしたちのほとんどは、極端に異なる領域——仕事と余暇、職業上と個人的、神秘的と現実的、平日と週末——に暮らしているため、人生が分割されていると考えてしまうが、それも無理はない。週末に森を散歩するのは、月曜の朝に職場で働くのと完全に分離していると感じる。週末の息抜きで元気を取りもどし、しばらくはその効果がつづきもするが、週末の息抜きは平日の実生活とは別の領域にある。

しかし、人生を分割し、人生のいくつもの局面がそれぞれ無関係だと考えることで、わたしたちは自分にできることや自分がなれるものをみすみす限定している。老子なら、神

＊22　天下に始めあり、もって天下の母となす。既《すで》にその母を得て、もってその子を知る。既にその子を知りて、またその母を守らば、身を没するまで殆《あや》うからず。［天下有始、以為天下母。既(得) 其母、復 (以) 知其子。既知其子、復守其母、没身不殆。］

秘的な悟りと日々の生活には関係があるだけでなく、二つを分離することで、わたしたちは両方を根本的に誤解していると指摘するはずだ。

元気を回復する週末の森の散歩は、自分と世界、そして自分と自分自身とをつなぎなおす方法に思えるが、この姿勢によって、わたしたちは世界とも自分自身ともさらに深く分断されてしまう。平日の生活について、考え方を改める必要がある。道は、週末に森を散歩しながら到達できるものではない。日々の交流を通じて能動的に生じさせるものだ。

わたしたちは人生のほかの領域でも区別をする。願望や目標は、時に自分がまわりの人と競っているのだと自覚させ、自分をまわりの人から切り離してしまう。また、わたしたちは道徳上の強い信念をいだくことがある。既成宗教や標準化された試験、妊娠中絶や尊厳死について、自分の考えが絶対に正しいと確信していると、ほかの人の意見が受け入れがたくなり、自分と他者のあいだに乗り越えられない壁を築きかねない。

そして、どんな種類の区別も道にそむくことになる。『老子』の教えどおり、たとえ道徳的で正しく思えても、区別は危険をはらんでいる。

大いなる道がすたれて、仁と義が説かれだした。知恵とさかしさがあらわれて、大いなる偽《いつわ》りが生じはじめた。[23]

『老子』はありとあらゆる区別を否定することに熱心なあまり、正統な孔子学派の教義——仁、智——まで危険視する。というのも、仁や智がただちに区別を呼び起こすからだ。仁を求めれば、同時に、それと正反対のものも同じように世界に存在する可能性があると認めることになる。このように考えていては、道、すなわち、あらゆるものが相互に関係し、区別がなにもない状態から遠ざかるばかりだ。

わたしたちは、『老子』そのものさえ、つながりを分断した、分化した読み方をしてしまうきらいがある。『老子』はとても人気があり、世界でも有数の広く翻訳されている作品でありながら、人々はきまって千差万別の読み方をする。神秘主義哲学の偉大な書として、優れたリーダーに秘策を授ける政治戦略の書として、武術の綱領として、ビジネスの指南書としても読まれている。それぞれの解釈はある意味で正確ではあるけれど、いずれも限界がある。神秘主義哲学の偉大な書として読む場合、道についての神秘主義ふうの一節に注目し、有能なリーダーになる方法を書いた部分には目もくれない。優れたリーダーになる指南書として読む場合、〝谷の神は不死身だ〟[24]のような一節は難解だし自分に関係

＊23　大道《たいどう》廃《すた》れて、〈安《ここ》に〉仁義あり。智恵出《い》でて、〈安に〉大偽《たいぎ》あり。［大道廃、〈安〉有仁義。智恵出、〈安〉有大偽。］
＊24　谷神《こくしん》は死せず。［谷神不死。］

がないからと読み飛ばす。なにしろ、神秘主義の聖人になることと、偉大な指導者になることはまったく相いれないのだから。

しかし、『老子』をリーダーシップの指南書としてだけ、あるいは神秘主義の書としてだけ読んだのでは、全体図の一部分しか見ていない。神秘主義の聖人とリーダーは、本当は別々の二つのものではない。神秘主義の聖人は有能なリーダーでもあるし、有能なリーダーは神秘主義の聖人でもある。まるで共通点がないように見える一節一節を相互に関係のあるものとして読まなければ、『老子』の主張の肝心な部分を逃すことになる。書かれている文言と自分自身と世界をばらばらに分離したものととらえるのをやめたとき、わたしたちはもっとも能力を発揮する。

つながっている実感という概念を頭で理解する努力はできるが、実際問題として、まちがった二分法を避けることがいったいなんの役に立つのだろう。つぎのいかにも身近な例を考えてみよう。わたしたちが知らず知らず老子流の行動をとっていることがわかる。

職場に扱いにくい上司がいる。要求が多いうえ、気まぐれだ。きみに理不尽に過大な要求をしてくるが、そのくせきみが必要とする助言やフィードバックはくれない。しかし、上司のきみに対する行動の裏になにがあるのか見きわめるところからはじめれば、どうすればこの関係性を別の方向へ変えられるか考えられるようになる。たとえば、上司がきみに対して横柄で屈辱的な態度をとるとしても、それは自信のなさからきていることが多い。

大局を静かに観察すれば、きみ自身に上司の不安感をあおる要素がないかじっくり考えてみることができる。もしかしたら、上司が対抗意識をもつような技能なり、上司がつけ込んでやれと思うような弱点なりをきみがもっているのかもしれない。きみのどんな無意識の行動がこの力関係という火に油を注いでいるのだろう。そして、どうすれば違ったやり方ができるだろう。

上司がとくににがにがしげで扱いにくいのは、きみがすばらしいプレゼンをしたあと――たとえ上司の指示でやったことだとしても――だと気づくかもしれない。もちろん、だからといって、上司が脅威を感じないようにきみが力を出ししぶっても解決にならない。上司の対抗意識に翻弄されることなく成果をあげつづけるには、つぎのプレゼンの前に上司になにかちょっとした助言を求め、経験の多い上司から学ぼうとする部下として印象づける手がある。こうした努力は、時間とともに関係性をゆっくりと着実に修正するのに役立つ。頭の切れる前途有望な部下に取ってかわられるおそれのある年長者のような気分をあまり味わわせることなく、同僚の活躍と成長を助ける経験豊かなよき指導者だと感じさせることができる。

別の例をあげよう。きみは三人の子どもの親だ。雪の日、学校から帰った子どもたちが家で遊んでいる。二人の子が口げんかの真っ最中で、リビングルームの空気はぴりぴりしている。けんかをやめさせ、二人につき合って話し合いで解決させる手もある。食べものでっったり、気をそらせるなにかを与えたり、単純にそれぞれ自分の部屋で反省させたりする方法もある。しかし、直接けんかに反応する――そして、ただちに区別を引き起こし、分裂を生み出してしまう――かわりに、全員になにが起きているか理解して、室内全体の風向きを修正するようにつとめるほうが効果的だ。おもてに出ている感情（イライラやムカムカ）の背後にあるものに目を向けて、この事態が起こる原因となった裏の感情を理解するということだ。娘が感情をあらわにしているのは、学校の友だちに会えなくてさびしいからかもしれないし、息子がきみにかまってもらいたがっているのは、きみが午前中ずっとうわの空だったからかもしれない。一つ深呼吸をしてから、落ち着いた態度と、穏やかな声の調子と、安心感を与えるような身ぶりで、違う雰囲気をつくり出す。子どもの目線までおりて、子どもたちがどう感じているか本当に理解すれば、一人の子どもの別の面を引き出すためになにができるか、すんなりわかるようになる。一人の子の別の面を引き出せれば、その子とあとの二人の力関係が変化する。そして、状況の背後にある全容に働きかけられるようになる。

あるいは、ティーンエイジャーの息子が近ごろ生意気になり、いっさいきみに口をきかなくなった。息子にとってもっと影響力のある親になりたいけれど、どうすれば高圧的にならずにそうなれるだろう。高圧的になれば息子はさらに離れていってしまう。息子が自分たち親子は仲が悪いと思うかわりに、親であるきみとのあいだにつながりを感じれば、もっときみに反応するはずだ。少しでも影響力をもつには、時間をかけて息子とのあいだにつながりを築く必要があり、それを意識すれば、自分になにができるか見えてくる。息子にもっとちょくちょくメールを送る。息子が夢中になっている音楽について、なにげない、批判がましくない会話をする。定期的に時間をつくって、息子が本当に楽しめる活動をいっしょにする。ここでやっているのは、孔子のいう新しい〈礼〉の導入だ。今の不健全な力関係を修正し、互いのかかわり方を改める機会を与えてくれる〈かのように〉の礼だ。新しく礼を取り入れることで、二人の交流に新しい現状をつくり出している。このやり方は、だれ一人きみのやったことに気づかないという意味で老子流だ。変化はなめらかで、切れ目など感じさせない。

　あからさまな問題に直接働きかけるかわりに、ばらばらのものや感情や人々をつなぎなおすことに的をしぼれば、その時点で、そして長期にわたって、どうすれば環境や関係性を変えられるかがわかってくる。気まぐれな上司とうまくいく関係を築いたり、つまらないけんかばかりする子どもたちのつながりを引き出したり、よそよそしいティーンエイジャーの息子との距離を少しずつ縮めたりするためになにが必要か、見きわめられるようになる。問題に直接働きかけようとしていたら、解決策を見すごしたにちがいない。きみの行為——立ち向かう、なだめすかす、お金でつる、しかる、言いくるめる、高圧的になる、押しつけがましくする、など——は、相手とのあいだに区分を生み、きみを勢力争いに駆り立てて、分裂をさらに深めさせる。

もちろん、これはすべて常識でわかることだ。扱いにくい相手と直接対決しても、関係が改善することはまずない。まっとうな子育てのテクニックには、心をしずめること、ほかの人を落ち着かせること、すでにその場にあるストレスを自分のストレスで悪化させないことなどが含まれているのは承知のとおりだ。しかし、老子のやり方がうまくいく理由は、たんにきみがあまり目立たないようにしているからでも、みんなが気をしずめるからでもない。ばらばらの人たちを新しい形で積極的につなぎなおしているからだ。きみがつくりあげるこれまでと違うつながりは、これまでと違う環境を生み出す。きみは、自分とほかの人を隔てる区別を取り除いている。

ある状況で人がどう行動するかを左右する特定の要因がある。その要因を理解すれば状況全体を把握するのに役立ち、それによってある程度の影響力を手にできる。しかし、新しい状況を一からつくりはじめる者になることで、さらなる力が手にはいる。すると、ほかの人はきみがつくりあげたシナリオのなかで演じながら、きみがそれを生み出したことには気づかない。

老子の思想ではあらゆるものが道から生じることを思い出そう。自分のまわりになんらかの結果が生じるのに手を貸すことで、きみはたんに道に従っているだけではなくなる。室内全体の風向きを修正し、人生における人間関係を調整しなおすことで、きみは文字どおり道になる。

本当に強い人はだれか

弱いものがかえって強いものに勝ち、柔らかいものがかえって剛《かた》いものに勝つ。[25]

世界はばらばらのことがら（この部屋、あの犬、わたしのカップ、きみの本、きみ、わたし、かれら）の集まりだというとらえ方に固執すると、みずからを道から遠ざけてしまう。逆に、あらゆるものがどのように相互に関係しているかを感じとり、自分のあらゆる行為がただちにほかの人に作用をおよぼしていることに気づけば、もっと影響力を発揮できるようになる。あらゆるものが相互に関係していることを理解し、逆説的に聞こえるかもしれないが、強さより弱さにこそ力があると知れば、影響力の仕組みがわかる。

これには面食らう人もいるだろう。なんといっても、わたしたちの文化は強さと野心をあまりにも重視している。「成功する（get ahead）」ためのもっとも効果的な方法は、隣

＊25　弱《じゃく》の強《きょう》に勝ち、柔《じゅう》の剛《ごう》に勝つ。［弱之勝強、柔之勝剛。］

の人の「先を行く（get ahead）」ことだとどこかで思ってしまうのも無理はない。少なくとも多少の競争意識をもたなければ、あとに取り残される心配がある。

ここでもやはり、わたしたちはまちがった二分法に陥りやすい。野心と受け身、意志・強さと弱さの対立だ。実際、『老子』の多くの読者が、すべての野心を排除して受け身で弱くあれと説いた本だと考えているが、それは事実に反している。『老子』は変化をもたらすことにはおおいに賛成しているが、それを果たす別の方法を提案している。自分が野心的だと態度で示す一般的な方法は、自分の意思を人に押しつけることだ。そのせいで、無理をしすぎて失敗したり、的はずれのものに集中したり、みずからの転落をまねく状況をつくってしまったりする。わたしたちの野心に対する考え方や追求の仕方自体に身を滅ぼす原因がひそんでいる。

怒鳴りちらしたり、権力を手に入れようと自分の意思を押しつけたりすればかならず失敗するというわけではない。成功する場合もあるし、それが長くつづくことさえある。しかし、どれだけ成功できるかは、あくまで、きみにどれだけ人を屈服させる明らかな実力があるかにかかっている。結局、相手はすっかり憤慨し、きみの力をくじこうと、方法を模索するだろう。おそらくもっとも重要なのは、きみを滅ぼすには、力の本質を理解している人間が一人いればいいということだ。一九四七年の大英帝国の崩壊には、マハトマ・ガンディーが一人いるだけで十分だった。

アメリカで公民権運動の母と呼ばれるローザ・パークスを知っているだろうか。一九五五年、四二歳のとき、アラバマ州モンゴメリーのデパートで働いていたパークスは、一日の長い仕事を終えて帰宅する途中、バスの座席を白人客に譲れと言われ、それを拒否した。パークスのことばを借りれば、いきなり断固たる決心が〝冬の夜のかけ布団のように〟自分を覆い、その瞬間、席を立つのを拒否することを選んだという。この一人の女性は、今こそ行動すべきときだと見ぬいていただけではない。静かな反応のほうが攻撃的な反応より効果があることも感じとっていた。パークスの戦略——静かにすわっていること——は、同志の市民活動家を奮い立たせ、おおぜいがパークスを支持して平等を求める運動に参加した。

職場でもっとも効果を発揮しているのはだれだろう。権力を振りかざしてほかの人を威圧しようとする職場一のいばりやだろうか。それとも、人の感情やものごとの受け止め方に敏感で、ユーモアと笑いで人とうまく協調し、場の雰囲気を常に意識している人だろうか。子どものとき教わった先生を思い出してみよう。教室でもっとも効果を発揮していたのはどの先生だろう。大声と脅し文句で生徒たちを威嚇した先生だろうか。それとも、低めのゆったりした穏やかな声で静かに話し、注意が散漫な生徒たちを注目させるような小技や沈黙をかしこく駆使して、授業を円滑に進めた先生だろうか。いうまでもなく、わたしたちは結局どの人がもっとも大きい影響力を発揮するか心得ている。しかし、この原理をどれだけ頻繁に自分の行動に適用しているだろうか。

真の力は、強さや支配力を当てにしない。強さや支配力は、わたしたちをまわりの人やものごととうまく折り合えない人間にする。世界が公然たる勢力のバランスで成り立っていると受け入れたとたん、すなわち、自分とほかのものとのあいだに――自分の意思を押しつけたり競争心をいだいたり隔てをおいたりすることで――一線を引いたとたん、わたしたちは〈道〉を失う。

この原理がいかにいろいろなレベルで作用するかは簡単にわかる。たとえば、だれかがきみを殴ろうと襲いかかってきたとする。わたしたちが思う正しい反応は、相手より強く殴り返すことだ。しかし、道をしっかり理解していれば反対のことをする。襲ってきた相手がいずれかならずやりすぎて失敗するのはわかりきっている。もっとも実現性があるのは、常にその相手に意識を向けて静かに機会をうかがい、やりすぎが起こるまさにその瞬間をねらいすますことだ。この瞬間こそ、行動を起こし、敵の弱みにつけこんで攻撃をしかけるときだ。相手のやりすぎの勢いが、相手を圧倒する助けになる。これは柔道などの武術の基礎をなす概念だ。老子流に言えば、弱きをもって強きを制したことになる。

だれであれきみを支配しようとする人は、当然のことながら、区別をもうけ、道にそむいている。『老子』のいう弱さは、意外にも、ばらばらの要素をつないだり、感じとったり、それに働きかけたりすることを基盤としている。ここに弱さの力がある。

天下を取ってわがものにしようとしても、わたしの見るかぎり、それはとうてい無理なことだ。天下は神聖な器であり、どうにかすることなどできない。ことさらになにかしようとすれば、かえってだめにしてしまう。とらえようとすれば、かえって失うことになる。[26]

一九世紀初頭、フランスのナポレオンは、当時、世界に類を見なかった強力な軍隊と、ローマ帝国以来、最強のヨーロッパの帝国を築きつつあった。皇帝は野望と権力欲に燃え、ロシア遠征を決意した。

さて、ロシアの将軍たちは『老子』を読んではいなかったが、力と弱さに対する老子流の考え方の本質をはっきり理解していた。ナポレオンが侵略してきても、ロシアの将軍たちは力に力で、強さに強さで対抗しようとはしなかった。あろうことかロシア軍は撤退した。フランス軍がさらに深く侵攻すると、ロシア軍はふたたび撤退した。フランス軍はロ

＊26　天下を取《おさ》めんと将欲《ほっ》してこれをなさば、われその得《え》ざるを見るのみ。天下は神器《しんき》なり、なすべからざるなり。なす者はこれを敗《やぶ》り、執《と》る者はこれを失う。［将欲取天下而為之、吾見其不得已。天下神器、不可為也。為者敗之、執者失之。］

シア領の奥へ奥へと進軍をつづけた。母国からの補給線はじわじわと細っていった。フランス軍ははるばるモスクワ郊外まで侵攻した。ここまできて、ロシアの将軍はまたしても撤退した。首都モスクワをあけわたし、重要な建物を焼き、食糧をすべてもち出した。一八一二年九月、ナポレオンはモスクワを占領し、みずからがロシア帝国の支配者だと宣言した。人類史上、最大の帝国だ。ナポレオンはロシア皇帝アレクサンドル一世に降伏条件を送りつけた。皇帝はなにもしなかった。

そこへ冬将軍がやってきた。モスクワ市内にはなんの食糧もなく、ロシアの厳しい冬のさなか、兵糧などの補給物資を運ぶことは不可能だった。ヨーロッパ一の軍隊が餓死しはじめた。待ち受ける悲劇を悟ったナポレオンは、退去するよりほかに道がないと思い知らされた。天候は悪化する一方だ。残った軍隊がフランス領にもどったときには、五〇万の兵は数千にまで減っていた。こうしてフランス軍は一巻の終わりとなった。

道に逆らうものは早く滅びてしまう。[27]

相手が弱るまで待つ

きょうは本当にひどい一日で、きみはストレスに押しつぶされそうになっているとしよう。前日の晩もあまり寝ていない。仕事で使うプレゼンを二つ用意しなければならなかったし、夜の一〇時になって、娘が前に話していた学校の課題用の素材がつぎの日にいると言いだしたからだ。きょうはきょうで、朝から会議会議の連続で、午後三時になってもチョコレートしか食べていないのに、三週間前に余裕があると思って出席すると約束した別の会議がまもなくはじまる。それのみか、約束をしたとき会議の進行役さえ買ってでていた。また一つ責務が増えると思うだけでイライラしてくる。

そんな状況で、つぎになにが起こるだろう。きみは急いで会議に駆け込み、あわただしく、ストレスをためたまま、緊張を強いられる生活に腹を立てながら、さっさと会議を片づけてしまうこともできる。会議のほかの出席者は、きみのストレスと怒りと疲弊に影響される。きみの感情がほかの人のストレスと怒りと疲弊を引き出してしまう。きみがなにか提案しても、室内にただようけんか腰の空気のせいで、ほかの人はおそらく反対する。きみの提案の内容とはほとんど関係のないつまらない論争がはじまる。会議全体が不愉快な論争の場となり、きみは前よりもっと嫌な気分になって会議を終える。

おそらくこのような会議の席にずっとすわりつづけた経験はだれしもあるだろう。こう

＊27　不道は早く已《や》む。［不道早已。］

した場では、底流にうっすらとあるうっぷんと悪感情が結局は局面を悪化させることになる。もっといえば、おそらくほとんどの人は人生でこういう経験をしたことがある。自分自身を他人と切り離された存在と考え、自分でも気づかないうちに自分の不幸せがほかの人の経験に少しずつ浸透するのを放っておく場合に起こる。

じつをいうと、『老子』には、いかなる状況でももっとも影響力があるのはどんな人か、かなり具体的に書いてある。無行為（無為）を実践する人だ。動作や行為をしていないように見えながらも、実際は非常に強力な人をさす。ロシアの将軍がナポレオンを奥へ奥へと誘い込んで策略にかけたことを思い出してみよう。無為を実践する人は行動していないように見える。しかし、実際にはすべてをあやつっている。

ここで、別のもっと〈道〉にかなったシナリオを考えてみたい。きみが進行役を買ってでた会議の話にもどろう。状況は同じだ。きみは朝からてんてこ舞いの忙しさで、ただでさえやることがいくらでもあるのに、会議の進行役はそのうえさらに負担が増えたように感じる。

きみは会議室の前に駆けつける。ただし、今回は室内にはいる前に立ち止まり、深呼吸をして気持ちを落ち着かせる。心をしずめ、ストレスを和らげ、怒りをなだめ、すべてをつながったものととらえられるあの境地に到達しつつある。心がしずまったとき、きみは道に近づいている。

こうして心の平静が得られたところで、ようやく部屋にはいる。きみはすぐに、室内の空気と、そこにすわっているすべての人たちがありとあらゆる複雑さをかかえているのを感じとる。ストレスでまいっている人もいれば、うわの空の人もいるし、会議に出席するのを楽しみにしている人もいると直観で察知できる。きみの仕事は、こうしたさまざまな人たちが合意に達するのを助け、会議を実りあるものにすることだ。きみは一言もことばを発することなく、さっと見まわしただけで、静かにまわりの人を見さだめる。

席に着いても、いきなり大声で「みなさん、ちょっと聞いてください。先に言っておきますが、この会議では……」などとは言わない。ただ静かに、落ち着きはらって腰をおろす。

もちろん、議事次第、すなわち会議の目標は決まっている。話し合いをどの方向へもっていきたいか心づもりはある。けれども、自分の見解を強い調子ではっきりと口にするかわりに、きみは出席者からの反応を引き出す。少しばかり問題を提起し、論点を指摘しながら、共感的な口調や、ことばの選び方や、人に向けるまなざしで、全員がきみの望む道筋を進むよう誘導する空気をつくり出す。ほかの出席者が話しはじめたら、落ち着いた、興味のありそうな、広がりのある反応を返してほかの人の意見を引き出す。出席者が互いのことを理解しはじめる。互いにアイデアを出し合うようになり、計画が形をとりはじめる。きみはことばではなく表情や身振り——笑顔、眉間の曇り、うなずき——を通してあと押ししたり押しとどめたりしながら、計画の方向づけに手を貸してやる。

誤解してはいけない。主導権はきみにある。しかし、腰のおろし方や視線の交わし方、出席者の意見を楽しみにしていることが伝わる愛想のいい声の調子のおかげで、同僚たちはきみがどれくらい議事進行を支配しているか意識していない。議題をめぐって全員が一つにつながるにつれ、しだいに合意が形成される。

会議が終わったとき、ほかの出席者は、「いやあ、今回の会議はすごくうまくいったな。なんだか、ひとりでにするすると進んだみたいだった」と思いながら解散するかもしれない。しかし実際、会議を取り仕切ったのはきみだ。きみの行動——無為の原則を具体化した行動——が、室内全体の空気を一変させた。穏やかに、さりげなくふるまって、だれもがつながり、ほかの人の意見を楽しみにする世界をつくりあげた。そして最終的に出てきたものは、出席者のだれかがそれまでに思いついたものより、まちがいなくすばらしいものでありながら、それでいて、会議室に足を踏み入れたときにそれぞれが意図していた形とも違っている。きみは従うことで統率した。そして、そうすることで道になった。

老子のいう聖人になると、人をよく感じとれるだけではない。相手が家族でも友人でも同僚でも、かかわりをもつたびに、柔らかさとしなやかさによって自分のまわりに世界を生み出せる。そして、自分のつくりあげた小世界で、他者の考え方や感じ方を変えられるようになる。

真の影響力は、あからさまな強さや意志ではない。影響力は、あまりに自然でだれも疑問をもたないような世界をつくりあげるところから生じる。老子のいう聖人は、このようにして絶大な影響力を振るう。

気づかれずに相手を変化させる

成果があがり、仕事が成し遂げられると、人民はみな、「自分たちは自然にこうなのだ」と言う[28]。

『老子』が不朽の名著なのは、堅さではなく柔らかさを通じて、つまり支配ではなくつながりを通じて、はるかに強大な影響力を発揮する人間になる方法を教えてくれるからだ。しかし、老子流の大きな影響力の源は、あまりに自然なため、新しくつくり出されたにもかかわらず、これまでと違うとさえ感じない世界を生み出す能力だ。とすれば、力や影響力は、直接的な行動や露骨な作戦ではなく、劇的に異なる現実が実現するための地ならし

＊28　功《こう》を成し事を遂《と》げて、百姓《ひゃくせい》、皆、我《わ》れ自《おの》ずからしかりという。［功成事遂、百姓皆謂我自然。］

から生まれる。これは、小さい規模でなにかを方向づける方法であると同時に、世界全体を一新するほどの変化を起こせる方法でもある。これを具現した歴史上の人物を何人か見てみよう。

アメリカでは、「独立宣言」に規定されているとおり、自分たちの国はすべての人が平等につくられているという命題に捧げられた国家だと子どもたちに教える。

ところが、一九世紀半ばを振り返ると、この理念は合衆国でほとんど受け入れられていなかった。当時、アメリカ建国の理念となった文書は、独立宣言ではなく、奴隷制を当然のこととしていた「アメリカ合衆国憲法」だと考えられていた。そんなとき、エイブラハム・リンカーンが、ゲティスバーグ演説で、すべての人が平等につくられていると主張した。これは、独立宣言がアメリカ建国の文書であること、そして、アメリカはすべての人が平等につくられているという命題に捧げられた国家であることを暗に唱道するための方策だった。

一八六三年にリンカーンがこの宣言をおこなうと、論争が巻き起こった。マスコミは懐疑的で、アメリカはそんな命題に捧げられてなどいないし、独立宣言はアメリカ建国の文書などではないと報道した。しかし、リンカーンの理想は勝利を得たばかりか、アメリカ全体の社会通念として受け入れられるようになった。今日では、独立宣言はアメリカ合衆国の建国の文書であり、すべての人が平等であるという概念は（そもそものはじめから）

アメリカ建国の理念だったと一般に考えられている。

この考え方は、のちにさまざまな事態を引き起こした。たとえば、リンカーンの演説から一世紀後、マーティン・ルーサー・キング・ジュニアは、こと人種に関するかぎり、アメリカ人は一人ひとりの人間を平等につくられたものとして扱うという、みずから公言する価値観に沿った生き方ができていないと指摘した。キング牧師がそう主張できたのは、平等の概念が社会通念として受け入れられていたからだ。そしてこの概念は、リンカーンがそのように認めさせて、ようやく受け入れられるようになった。

では、アメリカ人の生活における政府の役割という理念はどうだろう。アメリカ人は、経済繁栄を確実にするために政府がどの程度かかわるべきか激しい議論を交わしてきたが、政府の役割が特定の範囲を超えるのはしかたがないと考えるアメリカ人はほとんどいない。

世界恐慌のさなか、フランクリン・D・ローズヴェルトは、経済を再建し、困っている人を助けるために大きな政府が必要だと決断した。ローズヴェルトが新しい改革を打ち出したとき、合衆国最高裁判所は、そのような構想は合衆国憲法に違反すると異を唱えた。しかし、多くの政治闘争ののち、ローズヴェルトの改革――ニューディール政策――は実行された。その結果、これまでになく大きな役割を担う連邦政府が生まれ、経済を規制し、金融部門を監督し、社会保障という形で高齢者に資金を援助し、福祉制度を通じて貧困・困窮者を救済した。

改革の資金を賄うため、ローズヴェルトはかつてないほど累進課税を強化した。最高税率は九〇パーセント台だった。この急進的な国政運営術は大きな成功をおさめ、最終的にアメリカの社会通念になった。金融部門を監督し、アメリカの商取引を規制し、独占企業の隆盛を防止し、きわめて強力な累進課税制を維持するこの規制国家モデルは、それから数十年つづいた。民主党も共和党も支持した。その数十年のあいだに実施された唯一の大幅減税は、民主党のジョン・F・ケネディとリンドン・B・ジョンソンによるもので、最高税率は七〇パーセントに引きさげられた。

このような規制国家は大規模な公共インフラ事業と徹底した教育制度を構築し、おかげでアメリカは自国史上最長の景気拡大期に突入した。このモデルは大きな成功をおさめ、ほかの国々はアメリカを政治経済制度の手本とした。このすべてが、国家をうまく運営するうえでの社会通念となった。

わたしたちはもはやこのような世界に生きていない。アメリカで九〇パーセントの税金を払っている人がいようなどとは、とうてい想像できない。アメリカ人は、経済の規制や金融部門の監督において政府が果たす役割を限定するべきだと考えている。そうした規制や監督が経済成長を鈍らせると信じているからだ。いつこんな変化が起きたのだろう。それは一九八〇年代のことだ。

一九八〇年、ロナルド・レーガンはそれまでとはかけ離れた構想をもって次期大統領に選ばれた。その構想では、ニューディール政策はアメリカ経済を救うどころか後退させたものと描かれた。レーガンと共和党の同志たちは、とくに金融部門、教育、公共インフラの分野で政府による規制を撤廃し、経済発展を刺激するために税率をさげることを唱えた。この構想は、レーガンが最初に選出されたとき大いに議論を呼んだが、一九九〇年代にはすでに社会通念になっていた。それどころか、民主党のビル・クリントンが大統領だった一九九〇年代、この政策はワシントン・コンセンサスとして知られるようになり、民主党と共和党の双方に全面的に受け入れられた。

ここでもやはり、経済を運営する自然な方法と見なされるようになったこの構想は、経済行動や政治行動を理解する唯一の正しい方法として世界各地へ輸出された。そのため、最高税率九〇パーセントで課税するなど、とうてい考えられない話となった。この税率がまったくの許容範囲であり、景気のいい国家の運営に不可欠だとさえ見なされていた時代は、もはや過去のものだ。

＊＊＊

とすると、わたしたちが当たり前だと思っている世界はいつあらわれたのだろう。この変化は正確にはどのように起きたのだろうか。

この三つの事例で、リンカーン、ローズヴェルト、レーガンは、老子の哲学の一面を完璧に実行していた。三人とも、新しい、非常に議論を呼ぶ見解をまったく自然なものに見せることに成功した。『老子』には、つぎのようにある。

道はいつもなにごともなさず、それでいて、なされていないことは一つもない。もし諸侯や王が、このような道のあり方を守っていけるなら、万民は自然と感化されるだろう。[29]

エイブラハム・リンカーンは、独立宣言のほうが憲法より建国の文書にふさわしいなどとあからさまに唱えはしなかった。演説の冒頭で、憲法がアメリカ建国の文書ではあるけれど、かわりに独立宣言を建国の文書ということにしようと主張したわけでもない。そのかわり、アメリカ史上屈指の雄弁な演説を書いた。リンカーンは、〝八七年前、わたしたちの父祖たちは、自由の胎内ではぐくまれ、すべての人が平等につくられているという命題に捧げられた新しい国家をこの大陸に生み出した〟という有名な出だしによって歴史を書きかえ、存在したことのない過去を暗に示した。本来、独立宣言は建国の文書ではなかったうえ、リンカーンはその解釈さえ改め、平等であるすべての人のなかに、奴隷も含まれるとした。いうまでもなく、実際には多くの建国の父たちが（独立宣言を起草したトーマス・ジェファーソンも）みずから奴隷を所有していたし、宣言文の「人」の定義には白人男性しか含めていなかった。リンカーンが言っていることは、どちらの点でも現実から見ると誤りだ。しかし、このような説得力のある長く記憶にとどまる構想を展開することで、リンカーンはいずれ社会通念になるものの種をまいた。今日、ゲティスバーグ演説はアメリカの模範的な演説に数えられるようになり、アメリカ人はその全文を暗記している。

フランクリン・D・ローズヴェルトは、こり固まった慣習や観念と闘って、極度の困窮状態にあるアメリカ人を救済する急進的な革命家というイメージをみずから打ち出してはいない。むしろ、「炉辺談話」というラジオ番組でたびたび国民に語りかけ、人々の支えとなって不況という困難な時期を乗りきるのを助け、現実的な提案をする親近感のもてる祖父のような人物として、じわじわと一般のアメリカ人に慕われるようになった。そのため、ローズヴェルトは国の歴史において本質的な転機をしるす新しい先見者としてではなく、人を気づかって役に立つ助言をしてくれる隣人として受け入れられた（ローズヴェルトは、数年後、孤立主義のアメリカを容赦なく戦争に向かわせるための手だての一環として、この戦術を用いることになる。ヨーロッパで激しくつづく戦闘に参戦しないと公約し

＊29　道は常に無為にして、しかもなさざるなし。侯王《こうおう》、もし能《よ》くこれを守らば、万物、まさに自《おの》ずから化《か》せんとす。［道常無為、而無不為。侯王若能守、万物将自化。］

ていたが、同じ連合国のイギリスに武器を貸与することを、隣人に庭のホースを貸すことにやんわりとたとえて国民の理解を求めた)。

ロナルド・レーガンも、アメリカ人が以前の輝かしい個人の自由の時代にもどれるよう支援する愛想のいい、機転のきく、親切な人物というイメージを打ち出した。政界入りしてまもない、カリフォルニア州知事を務めたころは扇動的な政治家だった。しかし大統領としては、アメリカの過去と現在に訴えかけるもっと柔和なイメージを利用した。俳優として、そして威厳あるリーダーとしての経歴を引き合いに出して、真にアメリカ的なカウボーイというイメージをつくりあげ、そこに、陽気で分別のある家長の物腰を組み合わせた。一九八〇年の大統領選挙の際、レーガンの選挙運動の転換点となったジミー・カーターとのテレビ討論会では、カーターの主張に直接反論するのではなく、「またその話かい」と含み笑いをしながらさらりとかわして返答した。

レーガンは、歴代大統領のなかではじめて、大統領専用ヘリコプターからおりるとき、かならず軍人に敬礼する慣習をつくった。一般市民から見て、このしぐさは最高司令官にふさわしい象徴的なイメージになった。ただし、憲法によれば大統領は文民でなければならず、軍紀は文民が軍人に敬礼してはならないと規定している。けれどもそんなことは重要でもなんでもない。レーガンは敬礼によって——アメリカが自国の弱さを痛感している時期に——軍人に敬意を表した。やがて、アメリカ大統領が軍人に敬礼しないなどもってのほかということになった。

いずれの大統領も歴史のなかから、国民の高潔な面を呼び起こす偉大な演説家や、面倒見のいいおじいさんふうの隣人というようなアメリカの理想像を引っ張り出した。大統領たちは、たとえばレーガンが放牧地でみずからの輝かしい運命を切りひらくカウボーイをさりげなく暗示したように、伝統をほのめかした。これをすべて新しい構想に織り込み、やがてそれが新しい現実の先がけとなった。

今日、アメリカ人が当たり前だと思っている世界は、かつて存在した世界ではない。この三人の大統領は申し分なく老子のいう聖人だった。急進的な新しい秩序を生み出し、そのなかにいる人々に自然なものとして全面的に受け入れさせた。

三人とも、最初から大統領という権威ある地位にあった。そのおかげでもともと優位に立っていたともいえるだろう。しかし、老子にいわせれば、強い立場にいると、弱さにつけ込んで強さを振るいたくなるものだ。ところが、リンカーン、ローズヴェルト、レーガンは、弱さを使って効果的に自分たちの世界をつくりあげた——ローザ・パークスとガンディーにとって有効だった方法や、会社員が扱いづらい上司に対処するときに使える方法と同じやり方だ。あからさまでない戦略をとることで、自分の意思をもろに押しつけたのではとうていおよばないほど多くのことを成し遂げた。強さはかならず弱さで打ち破ることができるというのが『老子』の主張だ。強い立場にあっては弱さを振るい、弱い立場にあっても弱さを振るう。最初の立ち位置に関係なく弱さを振るう。これが状況を好転させる方法だ。

老子は聖人だっただけでなく〈道〉を生み出す神でもあったという伝説は、意外ととっぴな話ではない。道はけっして、探し求めてうまく調和しなければならないものとして、常に変わらない自然の秩序のなかに存在しているわけではない。むしろ、老子が示すとおり、身のまわりのあらゆるものを能動的に一つに織りあげることで、わたしたちが道をつくりあげる。一人ひとりが、老子に——聖人に——なって新しい世界を生み出す可能性を秘めている。

6　まわりを引きつける人になる――『内業』と〈精〉〈気〉〈神《しん》〉

きみが知るなかで、もっとも気力満々でカリスマ性のある人はだれだろう。その人を「生気あふれる」人と考えたことはないだろうか。その人といっしょにいると元気が出て、自分もまわりにいるほかの人もエネルギーがあふれてくると気づいたことはないだろうか。あるいは、疲労困憊しているとき「エネルギー切れ」と言ったりしないだろうか。きみの声は沈み頭はぼんやりしてくる。ただ一つの望みは、ベッドにもぐり込んで仮眠をとることだ。

どうもわたしたちは、世の中にはまさしくきみの知り合いのような、いつも生気をみなぎらせて、気力満々な人がいると思いがちだ。それに、くたびれる一日の終わりにエネルギーが切れてしまうのは――それでいて、新しい朝がくるとエネルギーが回復しているのは――ごくふつうのことだと思っている。

しかし、修養によって生気あふれる状態になれると考えたらどうなるだろう。エネルギ

―切れや活力不足は自分自身がまねいていると認識したら、わたしたちの生き方はどう変わるだろう。紀元前四世紀に書かれた自己神格化に関する作者不明の文書『内業』は、まさしくこの問いに注目した。元気が出るとは厳密にはどういうことなのか、そして、そのためにはなにが本当に必要なのかを問題にしている。

行為力とは自己を主張することではない

それを食べると、目が開け、神のように善悪を知るものとなることを神はご存じなのだ。

――日本聖書協会『聖書　新共同訳』創世記3章5節

活力や人の行為力《エージェンシー》に関するわたしたちの思い込みの多くは、神についての古くからの考え方にもとづいている。人は人類の黎明期から、自分たちが神だと想像するものを手本にして、生き方やひとかどの人物になる方法を学んでいた。

行為力についてのもっともよくある考えは、墨家の神である〈天〉のような、全能の神や造物主にもとづいたものだ。世界をつくった存在であり、山をも動かすことができ、はっきりした善悪の基準をもっている。

行動を起こすとは、独力でやっていくとか、欲しいものを手に入れることだと考え、行為力とは、ものをつくったり、コントロールしたり、所有したりすることだと考えるのは、神がそのような行為力をもっているという観念がわたしたちのなかのどこかに隠れているからだ。人も（たとえ劣るとしても）似たような形で自己の行為力を発揮していると見なしている。岩をもちあげることも、家を買うことも、競争に勝つこともできる。そのようにして、わたしたちも変化をもたらし、意志を通す。その気になれば地形でさえ変えてしまう。

人は長いあいだ行為力をこのようにとらえてきた。けれども、神をまねたいという初期の人間の衝動と並行して、内なる神をはぐくもうとする潮流も高まっていた。枢軸時代の宗教運動は、祭司が人と神との仲立ちをする青銅器時代の古い慣行を退け、すべての人が残らずなにかしら神のような潜在能力をもっていると主張した。古代ギリシアでは、エンペドクレス（ソクラテス以前の詩人、哲学者）やプラトンのようなさまざまな人物が、自己の内にこうした神性をはぐくんだ。プラトンは「神聖な魂の離脱《エクスタシス》」について語っているし、アリストテレスでさえ、自己修養によっていかに人間を超越する「神の認識」にいたれるかに触れている。同様の運動はインドでも起こった。哲学的な文献群『ウパニシャッド』は、人々に呼吸法や瞑想法などの修行を通じてじかに神と対峙することを求めた。

数世紀のち、初期キリスト教の運動のなかに、内なる神性を発見する能力を強調するものが出てきた。初期教会はこのグノーシス運動を異端と呼び、神と人間のあいだには絶対的な区別があると主張した。なんといっても、神は、神のようになれると悪魔にそそのかされてりんごを食べたアダムとエバを楽園から追放している。この戒め――人は神のようになろうとしてはいけないという禁止令――は、神のようになりたいという願望が人類の歴史を通じてあまりに根強かったために、かえって強力だった。

しかし、一六世紀の宗教改革によって、各人の内なる神性という概念がふたたび注目を浴び、選ばれし聖職者の仲立ちなしにじかに神と対峙できるようになった。人間に神のような潜在能力が備わっているという考え方は、一九世紀後半から二〇世紀にはますます主流化した。一九世紀のドイツの哲学者、フリードリヒ・ヴィルヘルム・ニーチェの、「神は死んだ」や、人は神にとってかわることができるという主張は、人間には世界を意志どおりに動かす能力があり、その権利もあるという近代の考え方を反映している。アドルフ・ヒトラーとベニート・ムッソリーニは、これをもう一歩進めた。どちらも自分こそニーチェの「超人」、すなわち、新しい世界秩序の造物主だと自負した。

今日、はるかに非宗教的なこの時代でさえ、初期のグノーシスの伝統に根ざした自己の神格化――そのような名前では呼んでいないとしても――に対する関心が復活している。わたしたちのまわりには、内なる神性（すなわち真の自己）を探求しているにしろ、宇宙の支配者のように行動しているにしろ、神のようにふるまっている人がいる。わたしたちは、そうあるためにどの程度まで努力すべきか迷いもすれば、あまりにも権力に執着しているように見える人や過剰にうぬぼれている様子の人を軽蔑しもする。しかし、その根底にある前提そのものに疑義をさしはさむことはあまりない。自己を主張することで神のようになれるという前提だ。ほとんどの人は、このように生きることで感じる力のほとばしりを、活力や元気の実感と関連づけている。

これが神性というものの唯一のモデルではないし、もちろん活力についてもそうだ。『内業』も人々にもっと神のようになることを求めた。人は自己を修養して神の性質を帯びることで世界を変えられるし、そうすべきだと論じている。しかし、『内業』の作者は意志を強調するのを避けるため、精神というものを、世界に支配をおよぼしたり他者に我を張ったりする存在とは解釈しなかった。きわめて純度が高く、カリスマ性があり、まわりと調和した存在で、あらゆるものとの純然たるつながりによって世界を一変させるものと説明した。

このように、人間の行為というものを違ったふうにとらえることは、どのように生きるべきかについて別の考え方をもたらしてくれる。行為と行為力という概念を支配からではなくつながりから生じるものとして解釈しなおすと、わたしたちは本質のところでもっと神のようになる。つまり、もっと元気になる。

スポーツ観戦時の高揚感はどこからくるのか

わたしたちは、元気を出すためのありきたりのことはすでにいろいろ実践している。もっとも簡単なのは深呼吸だ。今では西洋の不安やストレスの治療に組み込まれているが、深呼吸はいくつもの古代の伝統に起源をもつ。『内業』は、深呼吸がたんなる呼吸以上のものだと教えている。わたしたちが吸い込んでいるのはエネルギーだ。それが自分自身をなだめ、負の感情をしずめ、リラックスするのを助けてくれる。

心を落ち着かせる深い呼吸をヨガ教室や瞑想中の限られた時間だけでなくいつも実践して、そのようなエネルギーを常に取り込む効果を想像してみよう。日常的におこなえば、あまりエネルギー切れを起こすこともなくなるだろう。

元気が出る別の例をあげよう。体を動かすことだ。土曜の朝ランニングに出かければ、エネルギーを蓄えられる。もっといえば、きみは自分にエネルギーを吹き込んでいる。たしかに、足はがくがくするし、たっぷり汗もかく。一方で、おそらく陶酔感や高揚感も味わうだろう。「ランナーズハイ」と呼ばれる感覚だ。科学はこれをエンドルフィンという脳内物質の分泌と説明するが、『内業』は体内を流れる高純度のエネルギー、すなわち神の気として思い描く。エネルギーがみなぎっていると、ものがより鮮明に見え、より鋭敏に感じられ、自分とそのほかの世界を隔てる壁が薄れていく。

体を動かしたあとの爽快な気分と、仕事で心躍る画期的な成功をおさめたときの気分をくらべてみよう。気分が高揚するのはランニングのときと同じだ。幸福感がこみあげ、生命エネルギーが全身を駆けめぐる。あるいは、音楽コンサートやスポーツ観戦へ行ったとき、周囲の見知らぬ人たちとのあいだに生まれる信じられないような一体感はどうだろう。観衆のエネルギーが体内で脈打つのが感じられ、すっかりわれを忘れてしまう。

こうしたエネルギーはすべてまったく同じものだ。活力の実感を高めてくれる。顔が紅潮するのは元気になったからで、たんにランニングをしたからではない。満足感に満たされるのは元気になったからで、たんに仕事でプレゼンのすばらしいアイデアが浮かんだからではない。友人とのとても充実した会話は、つながりの感覚を高めてくれるだけではない。きみを元気にしてくれる。やっているのが体を使うことでも、頭を働かせることでも、人とかかわることでも、あの燃えるような興奮や世界との一体感は、まったく同じ身体的な感覚だ。『内業』によると、わたしたちの経験はすべて〈気〉というエネルギーから生じ、なかでももっとも霊妙なエネルギー――爽快で生き生きした気分にしてくれるもの――は神のエネルギーだ。

人間は〈精〉〈気〉〈神《しん》〉をすべて兼ね備える

あらゆる物の精は、これこそが物に生を与えている。地上では五穀を生じさせ、天上ではつらなる星となる。天地のあいだを流れていればそれを鬼神と呼び、それを胸中におさめている人を聖人という。[30]

神のエネルギーという概念は、古代ではとくに珍しくなかった。それどころか、ユーラシア全体にわたる概念だった。インドには「プラーナ（気息）」という概念があり、ギリシアには「プネウマ（息吹、魂、霊）」という概念があった。どの概念もすべて、ことばで言いあらわせず目にも見えない生命の力が宇宙全体を駆けめぐり、生命そのものの起源に関与しているという感覚を説明していた。

今日、多くの人は活力の実感が神のエネルギーから生じるという話に懐疑的だろう。けれども、〈気〉は、わたしたちが元気になるために必要なものをあらわすのに便利なたとえだ。本当にあると信じなくとも、そこから学べることがある。わたしたちはただ、このようなエネルギーを〈かのように〉の考え方でとらえればいい。気をはぐくんでいるかのようにふるまい、そのように生きるとはどういうことだろう。この枠組みが実在するかのように生きるとすれば、わたしたちの人生はどんなふうになるだろう。

通常、わたしたちは二元論的な世界観をもっている。神と人間、物質とエネルギー、心と体――これらをばらばらのことがらととらえている。しかし、『内業』は一元論的な世界観をもち、世界や人間のありとあらゆる要素が気という同一のものでできていると説く。心でも体でも物体でも精神でも、土でも人でも動物でも空気でも、とにかくなにもかもがこのまったく同じ物質でできている。

しかし、気はあらゆるもののなかに存在しながら、純度の違いは無限にある。岩、泥、土など、宇宙の無生物の部分は、劣った粗い気でできている。これは「濁った気」と呼べるだろう。

純度が高くなるにつれて、気は〈精〉になる。精がほかのすべてと別格なのは、生きているもののなかにしか存在しないからだ。植物や動物がもつ生気を与える力だ。

最後に、気がもっとも霊妙で純度が高い状態のとき、〈神《しん》〉の気になる。神の気はエネルギーがきわめて高いため、まわりのものに実際に影響をおよぼす。神の気は魂そのものだ。魂は生気を与えるだけでなく、生物に意識を与える。

＊30　凡《およ》そ物の精《せい》は、比《ひ》すればすなわち生をなす。下《しも》は五穀を生じ、上《かみ》は列星《れっせい》となり、天地の間に流《し》く、これを鬼神《きしん》という。胸中に蔵《ぞう》する、これを聖人という。［凡物之精、此（比）則為生。下生五穀、上為列星、流於天地之間、謂之鬼神。蔵於胸中、謂之聖人。］

植物は生気を与える気、すなわち精を宿しているが、神にはなれない。魂をもつことはかなわない。考えることも世界に手を加えることもできない。ただ世界に存在するだけだ。一方、魂は神の気であり、生気にあふれ能動的で生き生きしている。完全に鮮明で、一点の曇りもない意識で世界を見る。あますところなく世界を見られることで、世界に変化をもたらす作用を発揮できる。

では、わたしたちはどうなのだろう。わたしたちはどのようなエネルギーでできているのだろうか。

わたしたち人間は、足もとにある地の「濁った気」と、頭上にある天の「神の気」の組み合わせだ。体のように、純度の低い〈気〉の部分もあるが、植物と同じように生きているのだから、〈精〉の部分もある。さらに、わたしたちのなかには少しばかりの〈神〉も含まれている。植物と違い、わたしたちは意識をもち、各人が世界に多少の変化をもたらすことができる。なにかを拾いあげたり、空間のなかを移動させたり、ボールを投げたり、ドアをあけたりできる。精神と同じ能力をわたしたちも備えている。

ポジティブな感情も有害になりうる

中道を守り、度を過ごさないようにする。外物によって五感を乱すことなく、五感によって心を乱すことがないようにする。[31]

岩や植物や霊魂のエネルギーは一定に保たれる。ところが、人間は地上のほかのものと違い、エネルギーの混ざっている割合が内面でたえず変化している。時とともに、だんだんエネルギーを消耗して土のようになっていくこともありうるし、〈神〉をしっかり保ちつづけて精神性が高まっていくこともありうる。

神を保ちつづけるのはむずかしい。精神が消耗するようなことをして一日をすごしてしまうことのほうがありがちだ。家族の集まりに向けてもろもろ相談しているとき姉とけんかになって腹を立てる。毎日の通勤で不満がつのり、近づいてくる締め切りにストレスをためる。友人をうらやましがり、妻や夫に怒りを覚え、将来に不安を感じる。負の感情や極端な感情に支配されている自分に気づくたびに、わたしたちは外界のことがらにエネルギーがしぼり取られるのをみすみす許し、そうしたできごとが自分に過度の力を振りかざすのを放置していることになる。単調な日々の仕事をこなし、日常生活を重い足取りで進

＊31　中守《ちゅうしゅ》忒《たが》わず。物をもって官を乱さず、官をもって心を乱さざる……「中守不忒。不以物乱官、不以官乱心……」

むたびに、わたしたちはエネルギーをなくしている。神が少しずつ枯渇していき、かわりに悪い〈気〉が体を満たしていく。すると、生き方がぞんざいになり、ひどくバランスを欠いて疲れはててしまう。活力も人生に対するひたむきさもじわじわと失われる。ずっとこのように生きていると、肉体の寿命がつきるずっと前に精神が衰えてしまうだろう。

日々のどんな活動が元気になるのに役立つかについてはすでに触れた。とはいえ、さっそく行動を起こして、時間があいたらせっせとランニングをしたり、いつも晴れ晴れした気分でいられるようにとびきり陽気な友人をさがしたりすべきだというわけではない。外界の活動やできごとがわたしたちを高揚させたり興奮させたりするのと同じように、外界のできごとがわたしたちを弱らせることもある。わたしたちは毎日、周囲のできごとにもてあそばれているように感じる。友人と昼食？　心がはずむ。職場でだれかに冷たくされた？　気がめいる。天気が完璧な朝にランニング？　気分が高揚する。ランニングの最後に足首をねんざ？　意気消沈する。こうした両極端の感情こそ、まさしく『内業』がいうところの、活力を奪い、疲れさせ、神を消耗させるものだ。

もちろん、悲しいできごとが負の感情を引き起こし、人を疲弊させることはだれもが知っている。けれども、興奮したり爽快になったりするできごとでさえ、それに頼りきってエネルギーのほとばしりを感じさせてくれるのを当てにしているとすれば、わたしたちにとって有害なものになる。

感情を引き起こすあらゆる種類のできごとは――うきうきさせるものも、やきもちを焼かせるものも、激怒させるものも――外界のことがらだ。わたしたちの感情は周囲で起きることに引きずられて、あちらへこちらへと揺さぶられる。どんなに活力が充実するのを感じても、それは揺るぎないものではない。しかし、このような外物のせいで、幸せから悲しみへ、ふたたび悲しみから幸せへとせき立てられるいわれはないはずだ。わたしたちのコントロールがおよぶ範囲にあるのは、バランスと「中正」、すなわち内なる安定を修養することだ。地に足をつけ、日替わりで起こる避けられないできごとに左右されないようにすればいい。

体によいことは、感情にもよい

『内業』は、わたしたちの経験する世界がばらばらのことがらからなり、個々のことがら

極端に喜んだり怒ったりしなければ、均衡と中正が胸中を占めるようになる。[32]

＊32　喜ばず怒《いか》らざれば、平正《へいせい》胸に擅《ほしいまま》なり。［不喜不怒、平正擅胸。］

はたいてい互いにあまりうまく影響し合っていないと見ている。これには、わたしたち人間と、もろく不完全な人間関係も含まれている。一方で、『内業』は、根底にある〈道〉ではすべてのものがつながっているとも説明している。ばらばらのことがらが互いにうまく影響し合い、互いに感応し合うほど、道に近づくことになる。わたしたちはバランスのとれた状態を保つ能力を修養することで、道に近づき、活力の実感を高めることができる。安定すればするほど、〈気〉の純度を高め、よい気をしっかり保ちつづけられるようになる。

この本で扱っているほかの書物と同じように、『内業』も壮大で難解な観念からあまりにも世俗的に思える問題へとあっさり移っていく。具体的でありふれたことがらが、自分の気を純化するのに不可欠な手段になる。わたしたちのすべて——体と心——は気でできているため、体の純化は心の純化を助け、心の純化は体の純化を助ける。どれか一つの領域を純化するためにおこなうことは、なんであれ、わたしたちの全存在をよりバランスのとれた安定したものにする。

『内業』の多くの文言が、文字どおり体に注目するよう熱心に説いているのはそのためだ。よい姿勢で真っすぐに立って、気が損なわれずに流れるようにすることから、普段から深呼吸を実践して、バランスのとれた中正の息が胸を満たすようにすることや、規則正しく適度に食事をして、気を一定に保つことまで書かれている。ひょっとすると、真っすぐに立とうが、ソファで大の字に寝そべろうが、呼吸のことなど気にとめずにすごそうが、数日つづけて昼食をとり損ねようが、それほどたいした問題ではないと思う人もいるかもしれない。しかし、わたしたちが身体的な修養だと思っているものが、感情の安定性をも養うのだ。

同時に、身体の健康の一部分に過度にこだわるべきではない。たとえば、グリーンスムージーや極端な菜食主義に執着するあまり、日ごろから心がけるべき深呼吸がおろそかになるようでは話にならない。こうしたすべての領域でバランスを維持するよう気にかけておくことだ。身体の中正が整うと、より高い形態の気を受け入れられるようになる。

異なる領域間のバランスをとることは、感情を支えるうえでも役立つ。わたしたちの多くは、いっとき俗世間から離脱し、ありとあらゆる不快な感情を引き出すさまざまな関係のもつれを避けることで、静穏や中正を求める。だから、コーヒー休憩をとり、映画に行き、休暇をとり、静養に出かける。こうした形でバランスを取りもどそうとする。しかし、バランスと中正は、衝動的な欲望を調節し、過剰な怒りや、どうかすると過剰な喜びにさえともなう浮き沈みに用心することで、いつでも――俗世間にどっぷり浸ったままでも――経験できる。

多くの人は、調和を一度かぎりの行為だと思っている。たとえば、問題に取り組む最善の方法について意見が合わない人たちを合意させるようなことだ。けれども、やはり紀元前四世紀に書かれた修養に関する文書『五行』は、『内業』の教えを拡張し、人間はばらばらでまとまりのない要素を調和させることができるだけでなく、それをたえず実践しなければならないと説いている。

『五行』によれば、各人には修養すべき五つの徳性がある。仁、義、智、礼、聖だ。それぞれの徳性はわたしたちのよい面を磨くのに役立つ。ところが、一つの徳を修めるためにほかの徳を犠牲にすると問題が生じる。仁がありすぎるとか、義を求めすぎるとか、礼にこり固まるとか、智に頼りすぎるなどということがある。いつも仁を発散させて他人とかかわっていれば、状況によっては場違いに大げさに見えてしまうだろう。義を気にしすぎれば、やたらに堅苦しく、よそよそしい感じになってしまう。智を得ることに集中しすぎれば、無味乾燥な人間になってしまう。礼のことばかり考えていれば、規則を重視しすぎて、大局が見えなくなる。

どの徳も、どうあるべきかという絶対的な規範ではない。そこで、かわりにたえず自己を修養し、五つの徳が互いに調節し合うようにする。同僚に対して礼儀正しくふるまうことにこだわってしまいがちなら、肩の力を抜いて、もう少し親しみを込めて接するように心がけてみる。新しいものを買うとき、つい徹底的に調べてしまうなら、次回は意識的に、世に出まわっている購入者の評価を残らず読むようなまねはしないようにする。徳を互いに張り合わせる工夫をし、無限に連動し変化する徳同士の関係や、徳がいかにたくさんの感情を生じさせるかを意識する。逆説に見えるかもしれないが、この可動部分をとぎれなく動かしつづけることでしか、恒常性に到達できない。そうすることでより安定した状態に到達し、感情的にあちらへこちらへと揺さぶられなくなり、その結果、〈神〉が損なわれずに体内を流れるようになる。

駐車場で車をぶつけられたらどうするか

古代中国では、教養を身につけたいと望む者はまず、『詩経』という詩集を暗記しなければならなかった。『詩経』は学識者のレパートリーの一部になった。人々は詩を暗記し、どんな状況──春のうつろい、政策をめぐる論争、新しい恋の喜び、友の死──でも一節暗唱したし、まわりの人も同じ詩を知っていて、暗唱者の意図をくんだ。

しかし、重要だったのはただ詩を暗記し、受け身な態度で暗唱することではない。詩の知識と現実の状況についての自分の解釈を能動的に活用して、革新的なやり方で両方をつくりかえることだった。状況を把握することを学び、たとえば、詩の一部を文脈から取り出して引用したり、意表を突く形でそれとなく言及したりすることで、自分と聴衆からなんらかの感情的な反応を引き出し、人々の気分を変えて状況を異なる方向へ向かわせることができる。詩は、世界に対する自分の反応を磨く重要な手段になった。人々が、詩をどう使えば聴衆によい影響を与えられるか感じとる研鑽を積んだからだ。

音楽もほぼ同じような働きをした。音楽は、演奏と演技の両方で（オペラやミュージカルのように）演じられ、昔からの劇形式の物語を再現するのが一般的だった。人々は子どものころからこうした舞台を見て育ち、音楽が人生に溶け込んでいく。たとえば、だれかに立ち向かわなければならないような状況におかれたら、「武」（殷王朝の専制的な権力に立ち向かい、最初の周王になった有徳者を描いた人気の作品）」の音楽を聴いたときの感情を参考にできた。このような音楽は聴衆の繊細な感覚をはぐくみ、聴衆の一部になった。学識者になるために音楽や詩が重要だったのは、それがある種の平静さの感覚を修養するからだ。


怒りをおさめるには詩歌に勝《まさ》るものはなく、憂いを断つには音楽に勝るものはない。[33]

詩や音楽が〈気〉の修養になるのは、人がそれを通じて人類に共通する経験に対してもっと敏感に反応し、もっと深くつながり、もっと感応する感覚を得られるからだ。詩や音楽によって、人間であることの意味がいきなり鮮明になったり、感動するような洞察が得られたりすることがある。

美術館の絵画に驚嘆したり、音楽にうっとりしたりするときも、同じように気をはぐくんでいることになる。なんであれ畏怖の念をいだかせるものは、まわりの世界にもっと深く反応する感覚を磨き、気を純化する。あらゆる次元で世界をもっと意識すれば、わたしたちが潜在能力として感じとれるはずのあらゆるものが、もっと感じとれるようになり、もっとうまくふさわしい反応ができるようになる。

感動する音楽を聴くことは人としての感情経験を豊かにする。わたしたちは、曲をつくるあいだ作曲家に影響を与えた人生経験のすべてを追体験する。作曲家の感情がわたしたちの一部として残る。そして、気持ちを動揺させられることなくそうした感情を体験するとはどういうことかを学ぶ。たとえば、ボブ・ディランのデビュー時から現在までの全楽曲を聴けば、人生の物語を名声と哀愁の両方について感じとれる。近しい人の死や、身内が感じている絶望や、人生の新しい章をはじめる興奮に直面したとき、心に訴える音楽を以前から聴いていれば、より深い反応ができる。音楽は、わたしたちが共有する人間性とのつながりの感覚を深めてくれる。

詩や文学もだいたい同じような働きをし、わたしたちは世界に対してもっと豊かに反応できるようになる。詩の場合、ある一定の文脈のなかで、ある一定のリズムで読みあげられるのを聞くと、ある一定の感情がわきあがる。文学の場合、実生活ではけっして知りえ

＊33　怒《ど》を止《とど》むるは詩《し》に若くはなく、憂《ゆう》を去るは楽《がく》に若くはなし。〔止怒莫若詩、去憂莫若楽。〕

ないようなさまざまな観点で切り取られた時間や経験を存分に追体験できる。そこから得られる知識のおかげで、世界に向き合う別の方法が手にはいる。自分の人生から外へ踏み出し、広漠とした人類の経験の流れにうまく感情移入し、うまく共感できるようになるからだ。

これが〈気〉の純化にどう役立つのだろう。音楽、詩、美術、文学は、ことば、旋律、音、リズム、色などばらばらの要素からなっている。そして、音楽や詩や美術や文学に没頭すればするほど、そのばらばらのものがいかに互いに感応し合っているかがわかってくる。ちょうど気と気が感応し合っているのと同じだ。どれも気が——よかれ悪《あ》しかれ——まわりにあるあらゆる形態の気とたえずつながりをもっている様子を象徴している。

わたしたちのほとんどにとって気は「よかれ」でなく「悪しかれ」だ。ほとんどの人は気が洗練されていない状態で互いに交流している。自分の低レベルの気が、別の人の気にぶつかる。怒りや敵意が内部に閉じ込められていると、それが一日をすごす標準の気分になり、ほかの人から似たような負のエネルギーを引き出してしまう。こちらの最悪の感情がほかの人の最悪の感情と張り合い、負の連鎖が発動する。

駐車場でだれかに車を傷つけられたとする。午前中にごたごたがあってストレスがたまっていたきみは、傷をつけた相手に毒舌を浴びせる。その結果、相手も怒りだし、そもそもきみの駐車がへたくそなせいで、ぶつけないように車をとめるのは無理だったと言いだす。どちらにとってもはらわたが煮えくり返るような経験になってしまう。けれども、きみがたえず自己を修養し、気の純化につとめていれば、それが事態を好転させる助けになる。車を傷つけられても寛大さと共感で反応すれば、相手が悔恨と礼儀正しさで反応する可能性ははるかに高くなり、両者ともに怒りではなく好感を覚えることだろう。きみたちは二人の別個の存在として、互いの内にあるもっともよい部分を引き出し、そのよい部分に反応したことになる。

自分のエネルギーで人を引きつける

変質しながら気のあり方を変えず、変化しながら自分の智を変えない。それができるのは、専一を堅く守る君子だけだろうか。[34]

周囲の浮き沈みに左右されず、感覚が洗練され、体は中正を保って健康なら、安定した

＊34　化《か》して気を易《か》えず、変じて智を易えざるは、ただ一《いっ》を執《と》るの君子のみ、能《よ》くこれをなさんか。
「化不易気、変不易智。惟執一之君子、能為此乎。」

心に到達する。これによって、きみの全存在は〈精〉の器になる。

安定した心が内にあれば、耳や目は鋭敏になり、両手両足は健全になり、心には精が宿ることになる。[35]

〈気〉はきみの内面できわめて純度の高い、集中した状態となり、きみは最上位の気から なる〈神〉のような状態になる。神は、活力にあふれた長命の人生を可能にする。きみは、〝まるで神のように気を一つに集中する〟[36]ことを学んだということだ。

かつてニーチェは、〝わたしたちの五感が十分に鋭敏なら、不動に思えた崖も（素粒子が）ダンスするカオスに感じられるだろう〟と書いた。わたしたちはあらゆるものの核を見るだろう。そして、すべてを明瞭に見るだろう。ニーチェは神性を力への意志をもつ単独の存在ととらえたが、この発言は、神の気が別のところからもあらわれうると考えていたことを匂わせる。活力を充実させ、世界に力をおよぼすには、別のやり方がある。すべてをはっきり見通し、すべてとつながり、そして支配力ではなくカリスマ性を用いるやり方だ。

カリスマ性のある人は、感化する能力を生まれつき備えているわけではない。そうなる潜在能力を秘めて生まれてくる。その潜在能力がつちかわれると、カリスマ性のある人は自分のエネルギーの強さで他人を引きつけられるようになる。前向きで刺激的なエネルギーがみなぎっている人――室内を自分の存在感で満たしてしまう人や、生への情熱をもっている人――といっしょにいると、その人に引きつけられる。その人のエネルギーは伝染する。そのようなカリスマ性は神から生じる。その人にカリスマ性があるのは、元気旺盛で、まわりの人と感応するからだ。その人の高純度の気は、ほかの人のもっともよい部分を呼び起こし、神を引き出す。

しかし、『内業』はほぼ全編が修養についての話でありながら、自己修養についてはなにも書かれていない。カリスマ性のある人は、人を魅了する独自の特別な個性をもっているからカリスマ性があるのではない。カリスマ性のある人は自己を修養しているのではなく、エネルギーを修養している。気を修養している。カリスマ性があって生き生きしているのは、その人の内にある高純度の気が、まわりに存在する高純度の気とまったく同じだからだ。まわりの気と強く感応するからこそ、ものごとを変えられる。

わたしたちも、神の気を修養することでまわりの人とのつながりや人間関係の網を張る

＊35　定心《ていしん》、中《うち》に在《あ》れば、耳目聡明《じもくそうめい》、四枝堅固《ししけんご》にして、もって精舎《せいしゃ》となるべし。［定心在中、耳目聡明、四枝堅固、可以為精舎。］

＊36　気を専《もっぱ》らにすること神《しん》のごとく……［専気如神……］

ことができる。まわりの人はきみに引きつけられ、きみによって高められる。きみがその人たちにエネルギーを吹き込むからだ。そのような人物だと知れわたれば、人間関係やつながりがどんどん広がっていく。もっとも相手のためになる反応をする能力に磨きがかかる。ねたみや怒りに燃えている人や、悲しみや不安にさいなまれている人に遭遇したら、そのエネルギーに反応するのではなく、その人の別の面に反応して、もっと健康なエネルギーを引き出してやれるようになる。そして自分のカリスマ性が育つにつれ、神のように、ものごとを一つにまとめ、調和させ、あらゆる状況を変えられるようになる。『内業』の作者なら、このエネルギーに満ちあふれた、ありとあらゆるものとのつながりこそ〈道〉だというはずだ。

＊＊＊

こうした考えは、行為力や活力をわたしたちの常識とは異なる形でとらえるものだ。神性は世界に自分の意志を押しつけることではなく、世界と感応することで能動的になる。わたしたちが能動的で強力だと考えがちな行為によって世界に影響をおよぼすのではない。徹底して明瞭にものごとを見て、パターン化した反応に陥ることなく完全無欠にふるまい、小さな変化を通じて周囲のあらゆるものと感応することで世界に影響をおよぼす。エネルギーについてのこうした観念は、ばらばらのことがらが終わりのない衝突を繰り返す世界から、みごとにすべての調和がとれた世界へと移行することをどうとらえるべきか示してくれる。自分のなかの感応する気を増やせば増やすほど、ばらばらのものばかりのわずらわしい地上の世界でも、神の気になせることが、わたしたちにもできるようになる。

孔子と孟子は、どうすればできるだけ充実した人生を送れるかをくわしく論じた。『内業』の作者は、わたしたちでも自分自身を神格化できると説き、それがよく生きる方法だと教えている。

ところが、つぎに登場する思想家、荘子は、人間を神格化しようとするかわりに、人間界を完全に超越することを呼びかけた。

7 「自分中心」から脱却する——荘子と〈物化《ぶっか》〉

昔、荘子は自分が蝶になった夢を見た。喜々として飛びまわる蝶そのものだった。楽しく気ままに舞い、自分が荘子だという自覚さえなかった。ところが、ふと目覚めると、まぎれもなく荘子だった。いったい、荘子である自分が蝶になる夢を見たのだろうか、それとも蝶である自分が荘子になる夢を見ているのだろうか。荘子と蝶とにはかならず区別があるはずだ。このような移り変わりを物化《ぶっか》（物の変化）という[37]。

有名な「胡蝶の夢」の話のなかで、紀元前四世紀後半の中国の思想家、荘子は、わたしたちを常識的な世界の見方から脱却させようとする。わたしたちは視野がせばめられているせいで、世界を存分に体験することも、世界と深くかかわることもできずにいる。荘子によれば、最大の問題は、人の視点が限られていることだ。きみがたんなる人間ではなく、本当は人間になった夢を見ている蝶だとしたらどうだろう。人間であることを超えて、あらゆる視点から世界を見るとはどういうことか理解できれば、おのずと人生を存分に体験できる。

わたしたちはすでに、おのずと世界を存分に体験するとはどういうことか知っている。「フロー」体験をしているときがそうだ。フローとは、なにかの活動に完全に没頭し、今していること――サッカーでも油絵でも読書でも――への歓喜にわれを忘れる心理状態をいう。この超集中状態になることを「ゾーンにはいる」という人もいる。しかし、わたしたちはゾーンの瞬間を非常に限定されたものととらえ、特定の活動だけに起こることだと考えがちだ。適切な条件がすべてそのとおりに整った特別な瞬間にだけ起こることだと思っている。

ふつうは、修練を積んだところで、人生のあらゆることにこれと同じような興奮をおのずと感じられるようになるはずはないと考える。ところが、荘子の見方はまるで違う。す

＊37　昔者《むかし》、荘周《そうしゅう》、夢に胡蝶《こちょう》となる。栩栩然《くくぜん》として胡蝶なり。自ら喩《たのし》みて志《こころ》に適《かな》うか、周なることを知らざるなり。俄然《がぜん》として覚《さ》むれば、すなわち遽遽然《きょきょぜん》として周なり。知らず、周の夢に胡蝶となるか、胡蝶の夢に周となるか。周と胡蝶とは、すなわちかならず分あらん。これをこれ物化という。
［昔者、荘周、夢為胡蝶、栩栩然胡蝶也、自喩適志与、不知周也、俄然覚、則遽遽然周也、不知、周之夢為胡蝶与、胡蝶之夢為周与、周与胡蝶、則必有分矣、此之謂物化。］

べての視点から世界を見ることを学び、〈物化〉を理解できれば、宇宙のあらゆることへの理解が深まると考えた。そして、現実を経験する典型的なやり方から抜け出せるようになれば、日々の平凡な生活の一瞬一瞬で〈おのずから〉の境地にいたるとはどういう意味かがわかると説いた。

魚はただ〈道〉に従って泳ぐ

老子と同じように、荘子は道教の思想家と考えられているし、荘子の教えを題材とした、本人の手によるものとされる『荘子』も道教の書ということになっている。しかし、おそらく荘子はどの思想学派に属すこともいやがっただろう。老子と荘子という大きくかけ離れた二つの書物と二人の思想家が同じ学派に分類されてきた唯一の理由は、どちらも〈道〉を重視しているということだけだ。

けれども、それぞれの思想家にとって、道は異なるものを意味していた。荘子にとっての道は、落ち着いて穏やかになることでも、世界を徹底して区別のないものととらえることでもなかった。人はけっして道になることはできない。ものが育つ土壌になることができないのと同じだ。荘子にとって道とは、たえまなく流転し変化するあらゆるものと完全に一体化することだった。

『荘子』は、いかに世界のあらゆるものが、移動と相互作用、流転と変遷のダンスをたえず踊りつづけながら、ほかのあらゆるものに転変しているかを繰り返し強調している。時がたつにつれ、あらゆるものがおのずからほかのなにかの一部になる。この変化と移行の過程は刻々と起こっている。

草は育ち、死ぬと腐敗し、その〈気〉はほかのものに注がれる。草にいる虫は鳥に食べられ、その鳥は今度はもっと大きい鳥や動物に食べられる。その大きい生きものもやがて死に、腐敗し、大地の一部になり、土や草やそのほかの要素に変化する。終わりのない変化と転変の循環のなかで、あらゆるものがゆっくりとほかのあらゆるものになる。

草は死んだらほかのものになろうと意図してなどいない。変化はただ起きる。季節は移り変わろうと意図してなどいない。移り変わりはただ起きる。

鳥が飛ぶのは、翼を用いるという天賦の才があるためだ。風向きや下の地形の変化に合わせて空中に浮いてただよう。鳥はおのずから道に従っている。

魚は泳ぐ。魚もえらとひれを用いるという天賦の才を授かっている。それを使って流れに合わせて水中を動きまわる。魚もおのずから道に従っている。立ち止まって、「よし、流れがこっちに向いているから、ここで向きを変えたほうがいいな。よし、今度はあっちだ。あの岩をうまくよけなくては」などと考えたりしない。ただ泳ぐだけだ。

荘子は〈陰〉と〈陽〉ということばを引き合いに出している。陰と陽は、暗と明、柔と剛、弱と強などを指す。荘子によると、道は、相反するように見えながら、実際は互いに補完しあうこの二つの要素がたえまなく影響しあう過程だという。陰陽は常に循環して互いにバランスをとる。冬には〈陰〉である寒、暗が優勢になる。それから状況が変化し、〈陽〉である暑、明の季節、すなわち夏がおとずれる。

陰陽のエネルギーのたえまない必然の相互作用は、四季の移り変わりを生むだけではない。宇宙のすみずみにまで見られるすべての転変を特徴づけている。

〈道〉に従わないのは人間だけ

変化が満ちあふれる世界のなかに、たった一つ例外があると荘子はいう。全宇宙でただ一つおのずから道に従わないもの。それはわたしたち人間だ。わたしたちだけが、おのずから道に従っていない。それどころか、流転と変化に抵抗することに全人生を費やしている。わたしたちは自分の意見が正しい（そして、ほかの意見は当然ながらまちがっている）と言い張る。ライバルの成功にイライラをつのらせる。変化を恐れるあまり将来性のない職から抜け出せない。そしていつのまにか、陰陽の相互作用を乱し妨げている。これは、わたしたちの天賦の才である理性のためだ。

では、かわりにどうすればいいのか。人間にとって、おのずから道に従うとは本当のところなにを意味するのだろう。

　わたしたちはこの「おのずから」とか「自発的に」ということばを聞き、それが意味するところは知っていると考える。なんといっても、わたしたちは自発性をあがめる文化に生きている。先が読めるのはつまらないと感じる。多すぎる規則は息苦しく感じる。自由な発想のもち主や、変わり者になることを恐れない人や、ふと思いついて大学を中退して起業した孤高の天才を賞賛する。わたしたちは、自発性を自分らしくあることや、幸せの向上や、個人の充足感と同一視している。

　そのため、「さあ、自発的に自分がやりたいことをやるぞ」などと考えるかもしれない。今やっていることをやめてダンスに興じる。仕事をやめ、貯金をなんとか工面して世界一周の旅に出る。これこそ自発的ということではないだろうか？　じつは、荘子にとってはそうではない。わたしたちの考える「自発的」は、荘子の考える「おのずから」とほとんど正反対だ。荘子の「自発性」は、みずから進んで自分の好きなことを好きなときにすることではない。

　わたしたちが「自発的」と考えているものは、欲望を解き放つことだ。だが、四六時中そのような生き方を貫くことはできない。だから、たまにハンググライダーをしに出かけ、衝動買いをし、新しい趣味をはじめる。自由は週末にとっておき、ほかの日はいつもどおりすごす。

真の「自発（＝おのずから発する）」のためには、世界での考え方とふるまい方を改め、終わりのない流転と変化にたえず身をさらさなければならない。訓練した自発というものを想像する必要がある。訓練した自発性などというと撞着語法のように聞こえるが、これから見ていくように、実際はなんの矛盾もない。

荘子のよく知られた寓話を一つ見てみよう。包丁《ほうてい》（丁《てい》という料理人）の話だ。包丁が肉牛を扱いはじめたころは、牛刀を手に取り、目の前の肉をめった切りにしていた。最初はうんざりするだけだった。ところが、時とともに繰り返し牛をさばくにつれて、しだいに悟るようになった。さまざまな肉目や腱に逆らうのではなく、皮、肉、骨のあいだのあらゆるすきまを見つけられるようになった。どの牛も違っているが、どれも境界や関節や組織の筋道――もともと切り離しやすい部分――がある。慣れと修練とによって、包丁はどんな肉の塊にも通じるそのようなパターンを感じとれるようになった。まるで舞いを舞っているようにリズミカルにさばき、牛刀の動きに合わせてなんなく肉が離れ落ちる。

とはいえ、このようにさばくには、考えすぎても分析的に取り組んでもいけない。どの肉も同じではないからだ。荘子によれば、〝技よりもまさる〈道〉〟に重きをおく必要がある。自分の神性に働きかけて、世界とつながり世界とうまく感応できるようにする。意識的な理性ではなく精神を使うことで道を感じる。そうなってはじめて、肉のさまざまなふぞろいを感じとれるようになる。

腕のいい料理人でも一年に一度は包丁《ほうちょう》を取り替える。刃《は》がこぼれるからだ。並の料理人なら一月くらいで取り替える。包丁を折ってしまうからだ。けれども、わたしの牛刀は一九年も使っていて、数千の牛を料理してきたが、その刃先はたった今砥石《といし》でといだように鋭い。牛の骨節にはすきまがあり、牛刀の刃先には厚みがない。厚みのないものをすきまのあるところに入れるのだから、広々として刃先を動かすゆとりがある。だから、一九年も使っているのに、牛刀の刃先がたった今といだばかりのように鋭いのだ。[38]

包丁《ほうてい》は訓練した自発性というものを心得ていた。注意したいのは、包丁が牛刀をうっちゃって踊りほうけているうちに〈おのずから〉の

＊38　良庖《ほう》は歳《とし》ごとに刀を更《か》えて割《はこぼれ》し、族庖は月ごとに刀を更えて折る。今、臣の刀は十九年、解く所は数千牛なり。しかるに刀刃は新たに硎《といし》より発せるがごとし。かの節なる者には間《すきま》ありて、刀刃なる者には厚みなし。厚みなきものをもって間あるところに入るれば、恢恢乎《かいかいこ》としてその刃を遊ばすにかならず余地あり。ここをもって十九年にして刀刃新たに硎を発せるがごとし。［良庖歳更刀割也、族庖月更刀折也、今臣之刀十九年矣、所解数千牛矣、而刀刃若新発於硎、彼節者有間、而刀刃者无厚、以无厚入有間、恢恢乎其於遊刃必有余地矣、是以十九年而刀刃若新発於硎。］

境地に達したのではないことだ。平日に肉をさばき、週末には羽目をはずしていたわけではない。何度も何度もひたすら肉をさばきつづけるという謙虚な姿勢によって、やがて流れに身をまかせてさばけるようになり、ついに〈おのずから〉の境地に達した。しかもただ受け身なだけではない。道の天理に逆らわずに従いつつも、肉片を切り離すたびに新しくつくり出しつづけたものがあった。包丁は日々の生活に組み込まれたいつもの活動のなかに満足感と自発性を見いだしていた。

話の最後に、包丁の仕事ぶりを見て感嘆した君主が言う。「まったくすばらしい。わたしは包丁の話を聞いて、養生の秘訣を学んだ」[39]

自発性を訓練する

経験豊かな料理人は、レシピもなしに手の込んだ料理を手早く作れる。経験と修練とセンスだけで、塩こしょうをどれだけ入れれば料理に命を吹き込めるか、クリームリゾットをどのくらい火にかければいいかを正確に見きわめる。これは訓練した自発性だ。ベテランの教師は、クラスが手に負えない状況に陥ろうとする瞬間を察知して、なにをすればすべての生徒が落ち着きを取りもどすか素早く把握する。長年の経験によって、ちょうどいいときにもっとも効果的な形でおのずから反応できるよう鍛えられたからだ。

複雑な技術——外国語でも、楽器でも、自転車でも、水泳でも——を学ぶとき、はじめのうちは、意識して十分に練習する必要があることはだれでも知っている。ピアノの稽古をしたことがあるなら、はじめはどんなにむずかしかったか、鍵盤をたたく自分の指がどんなにぎこちなく感じたか、音符と鍵盤を結びつけるのがどんなにややこしかったか、指をばらばらに動かしながら同時に鍵盤のうえで両手を右へ左へと滑らせるのがどんなにたいへんだったか覚えているだろう。はじめはなんだかさっぱりわからないし、音もきれいに出ない。それどころか、きみが「自発的に」威勢よく鍵盤をたたきはじめると、まちがいなく周囲の迷惑になったはずだ。

ところが、時とともにじわじわと、きみは音をつなぎ合わせて、まとまったメロディーらしきものを弾けるようになる。やがて右手と左手を同時に使い、和音やアルペジオを奏で、もっと高度な曲に挑戦するようになる。ここからが本当の楽しみのはじまりだ。暗譜した曲を演奏し、即興で新しい曲を弾くことさえできる。ピアノの前にすわることが喜ばしい行為になり、音楽を奏でることで胸が躍り元気になれる。こんなふうに自由におのずから演奏できるようになったとき、きみは道に従っていることになる。

一流ピアニストが自分の音楽や聴衆とどれほどぴったりかみ合っているか考えてみよう。

＊39 善いかな。われ庖丁の言を聞きて、養生を得たり。［善哉、吾聞庖丁之言、得養生焉。］

ピアニストは、鍵盤にどう触れれば自分と音楽と聴衆のあいだで感応する音色を出せるか正確に感じとることで、喜びを感じている。すばらしい技術をもって世界を感じ、反応する能力によって、ピアニストは道に従っている。十分な練習こそ、ピアニストがこのような喜びに満ちた自由にたどり着いた方法だ。わたしたちがする練習もこれと同じだ。十分に練習することで、交通渋滞のなかで車を巧みに走らせたり、テニスで絶妙なロブをあげたり、職場で説得力のあるプレゼンを準備したりできるようになる。いちいち考えなくても、どうすればうまくいくかちゃんと心得ている。楽々こなせるようになるまで習熟したことは、ありふれたことであれ高尚なことであれ、訓練した自発性の例だといえる。

重要なのは、荘子の教えを深く心に刻むと、優れたテニス選手や熟練した従業員や腕のいい料理人になるだけではない点だ。人生への取り組み方がなにもかもがらりと変わることになる。ピアニストはただピアノを弾くためだけに練習してきたわけではない。世界のなかでの自分のあり方そのものを鍛えてきたのだ。

自分を邪魔する理性から自由になる

わたしたちは、熟達を目指して修練すると、その特定の技術だけが上達すると考える。ピアノを弾きこなすためや、テニスがうまくなるために長い時間をつぎ込んだところで、世界のなかでの自分のあり方そのものを鍛えるのにどう役立つというのだろう。

役立てるためには、修練が目の前の技術に特化したものではなく、視野の狭さを打ち破るための修練でもあると認識する必要がある。視野の狭さは、自分でも気づかないうちに人生に大きな影響をおよぼしているからだ。それを自覚できれば、もっとほかのものも手にはいる。つまり、真の想像力と創造力を育てる心の状態が得られる。ゾーンにはいることと、想像や創造に関係があるとは意外かもしれないが、荘子にとって想像力と創造力は、たえまない〈おのずから〉のフロー状態からわき出てくるものだ。

わたしたちはよく、創造力が単独の源泉、すなわちすばらしい創造者からあふれ出てくるものと考える。しかし、荘子ならそんな考えはおそろしく限定的だと見なしただろう。創造力は、わたしたちが単独の偉大な「個」というこだわりを捨てて、より大きな宇宙に心をひらいたときにあらわれるものととらえるべきだと言ったはずだ。そして、わたしたちの尊敬する創造性のある人たち――シェイクスピア、ピカソ、スティーブ・ジョブズや、それに匹敵する人たち――のインスピレーションの源は、世界に、学問や芸術の女神に、万物への無限の好奇心に対して心をひらいたことだと論じたにちがいない。いずれも、創造性の川――荘子にいわせれば〈道〉――に心をひらいていた。

訓練した自発性が身につくと、意識的な理性から自由になれる。意識的な理性は、定義からして単独の個のものだ。理性はわたしたちの邪魔をし、道に従うのではなく抵抗させようとする。それでも、わたしたちは人生のさまざまな場面で道に従う感覚を経験している。親しい友人との内輪の集まりを考えてみよう。時間とともに互いに親交が深まっていき、食べものも会話も楽しくよどみなく進む。きみは頭のなかで「ここで一つジョークを飛ばしておこう。それから五分後に、このあいだの休暇中にあったことをみんなに話して聞かせるぞ」などと考える必要はない。自然にまかせれば会話は勝手に盛りあがる。

あるいは、地域のバスケットボール大会に参加したとしよう。きみは意識的な理性を使ってなにをすべきか正確に計算してはいない。こっちに四五度向きを変えて、今この瞬間、ゴールからぴったり一メートル離れた場所に立たなければ、などと戦略を練ってはいない。空間全体やほかの選手や試合中にすべきすべてのことを察知するもっと大きな感覚に常に身をまかせている。全体像を把握する大きな感覚がすばらしいプレーを生む。

『荘子』を読むこと自体、広がりのある〈かのように〉の世界へとわたしたちをいざない、想像力をひらいてくれる。まったくありそうにないとっぴな物語の数々によって、流転と変化が具体化されている。架空の生きものが出てくる。昆虫の目から見た世界の姿を考えさせる「胡蝶の夢」のような話もある。明らかに孔子らしくないことを言う孔子など、歴史上の人物も登場する。論理や理解を超えた思いがけないひねりや、だじゃれや、詩も非常に多い。『荘子』は、遭遇したその瞬間から、わたしたちのものの見方をかき乱し、現実についての考え方を変えることができるように巧妙につくられている。

いうまでもなく、わたしたちは人間だ。文字どおり蝶にはなれないし、蝶になるべきだと考えることも期待されていない。しかし、「胡蝶の夢」の話を紹介することで、荘子は〈かのように〉の問いを発している。人間になった夢を見ている蝶であるかのように世界を見るとはどんな感じなのか。その瞬間、わたしたちは現実を一時中断して、代替宇宙に足を踏み入れる。そこでは、ありとあらゆる〈かのように〉の可能性を想像する能力が最大に拡大される。宇宙全体がわたしたちにひらかれる。あらゆるものがほかのあらゆるものに流れ込む世界だ。

規範となるものはなに一つない。荘子は、異なる視点を手に入れたあと、わたしたちがなにをすべきかについて語っていない。なにが起こるかは自分しだいだ。肝心なのは視点そのものを打ち破ることだ。

真の想像力と創造力は、既存の枠組みにとらわれずに考えたり、われを忘れて熱中したりしてもわいてくるものではない。いわば、真の自発性が、うんざりする仕事にとどまりながら週末だけ羽目をはずしても手にはいらないのと同じだ。真の想像力と創造力は、平凡で単調な人生をさえぎって、くつがえしてしまうような大いなる瞬間から生まれるわけではない。日々を生きるうえで想像力と創造力は欠かせない。世界全体を広がりのあるひらかれた場所として受け止めれば、すべての瞬間がおのずから創造的になる。そこにたどり着くには、自分の経験を超えて想像する能力を常に修養する必要がある。

第三者がいれば散歩も修行になる

美術館へ行ったとき、その経験を豊かにしたければ、学芸員にガイドを頼み、専門家の目を通して経験できるように助けてもらえばいい。学芸員は、繰り返しあらわれるモチーフや画家の独特の色使いなど、わたしたちが普段なら気づかないようなことを取りあげて教えてくれる。あるいは、その気があれば、地ビールやプロサッカーやデジタル写真などの専門知識を深めることもできる。それ以外でも、自分の鑑賞力を養い、新たな次元で楽しめるようなものならなんでもいい。習得した眼識によって、世界に新たな層が加わる。たとえば、ワイン専門店へ行くと、以前はわからなかったことが見えるし理解できる。カベルネ・ソーヴィニヨンとシラーの違いがわかるようになることが、元気と満足のもとになる。読書をしていてアーツアンドクラフツ様式の家のことを言っているのだと気づき、小説の設定の解釈が深まる。生きていくためにはなに一つ必要のないことだが、これによって世界をより豊かに経験することができる。まったく同じ現実でも、同じ関心ごとに造詣が深くない人とは違ったふうに経験できる。しかし、この原理を人生のごくありふれた側面にも応用し、人生をより豊かにしようと考えることがいったいどれだけあるだろうか。

一九世紀のフランスの詩人、シャルル＝ピエール・ボードレールは、「遊民（フラヌール)」という概念を世にひろめた。遊民とは、都市の街路をさまよい、目にしたものすべてを虚心坦懐に観察して取り入れる人をいう。幼い子どもや犬や祖母といっしょに散歩をすると、この三者が自分とは違ったふうに散歩を経験しているのに気づくはずだ。子どもは石や虫を見つけるたびに立ち止まってうっとりと見入る。犬はぞくぞくするにおいの世界にすっかり夢中になる。祖母はたいへんな園芸好きで、目についた花や木の名前を一つ残らず教えてくれるかもしれない。世界について自分とは異なるものの見方をするだれかといっしょに歩くと、自分の通常のパターンから外へ踏み出すことができ、世界が違ったふうに見えるだけでなく、驚くほど虚心に眺められるようになる。他者の目を通すと、なにげない散歩がいつも以上の深さと新鮮さをおびたものになる。周囲に対する解釈が変わってくる。新しい側面が目に映るようになる。

わたしたちが日々なにに注目するかは、習癖になったパターンにもとづいている。朝の通勤中、ラジオや出口標識や駐車場の入り口くらいにしか注意を払わず、たとえばガンが大群をなして南へ向かう壮大な光景を見逃してしまう。近くのスポーツジムまで歩く途中、ジムでのきょうの目標を考えるのに心を奪われて、道沿いのレストランから漂ってくるおいしそうな香りにさえ気づかない。わたしたちの習癖は、わたしたちが目にし、手に入れ、感じ、知ることのできることがらを制限している。

しかし、自分を制限してしまう傾向をもっと意識することはできる。他者の目を通して世界を見ることは、習癖から抜け出し、もっとも平凡に見えることとでさえもっと豊かに経験するのを助けてくれる。食料品店へ出かけるのでさえ、食通の友人といっしょに行けば、あれこれ材料を見てまわり、どんなものがつくれるか楽しそうに話す友人のおかげで、買い物がただの退屈な家事以上のものになる。わたしたちにとってはぱっとしない店が、友人の目を通して見ると、活気あふれる元気な店に映る。友人は、わたしたちが気づかないような食材を見つけて目を輝かせるからだ。

この眼識は、わたしたちが身につけ、修養できるものの一つだ。経験を増幅してくれる人がそばにいるだけで世界のとらえ方が大きくひろがることを理解すれば、たとえ自分ひとりのときでも、世界に対する繊細な観賞眼を養えるようになる。ほかのだれかが世界をどのように眺めるか常に自問し、自分の見方だけが唯一の見方ではないことをたえず意識しつづけることだ。荘子が示しているとおり、これがものごとを違った目で見る、すなわち視点を変える原理であり、視点を変えれば、新鮮さと情熱をもって人生を経験できるようになる。

なにがあってもおもしろがって受け入れる

精神をすり減らして無理にすべてを一つにしようとするが、それが同じ一つのことだと知らないでいる。これを朝三《ちょうさん》という。朝三とはどういうことかというと、こんな話がある。猿飼いがトチの実を分け与えるとき、「朝に三つ、夕方に四つやろう」と言ったところ、猿たちはいっせいに怒った。そこで今度は、「それなら、朝に四つ、夕方に三つにしよう」と言ったところ、猿たちはいっせいに喜んだ。表現も実質もなにも変わっていないのに、喜びや怒りの働きが生じている。猿飼いはただ猿に合わせてともに変化しただけだ。このように、聖人は「是非」を用いて調和させ、そうしながらも天の釣り合いにまかせている。これを両行《りょうこう》という。[40]

この猿のたとえ話のように、根拠のない、気をそらさせる、無意味な分類に執着すれば、

＊40　神明を労して一をなしながら、その同じきを知らず、これを朝三という。何をか朝三という、曰く、狙公《そこう》、芧《とち》を賦《わか》ちて朝に三にして暮に四つにせんと曰うに、衆狙《しゅうそ》みな怒れり。しからばすなわち朝に四にして暮に三にせんと曰うに、衆狙みな悦べり。名実未だ虧《か》けずして喜怒用をなす。ただこれに因《よ》らんのみ。ここをもって聖人これを和するに是非をもってして天鈞《てんきん》に休《いこ》う。これを両行《りょうこう》という。［労神明為一、而不知其同也、謂之朝三、何謂朝三、曰、狙公賦芧曰朝三而暮四、衆狙皆怒、曰然則朝四而暮三、衆狙皆悦、名実未虧而喜怒為用、亦因是也、是以聖人和之以是非、而休乎天鈞、是之謂両行。］

意識的な理性に足をすくわれることがそろそろわかってきたことだろう。「朝に三つ、夕方に四つ」でも、「朝に四つ、夕方に三つ」でも、全体としてはなんの違いもなく、違っているのはわたしたちの受け取り方だけだ。

視点をがらりと変えることで、『荘子』が提唱する見方で世界を眺められるようになる。『荘子』がたびたび社会通念をくつがえすのはそのためだ。ある話では、体の不自由な男が時に施しを受けながら生きていた。この男は不憫にも思われたが無事に長寿をまっとうし、それに対して、まわりの若者たちは徴兵され、戦地へ送られた。だとすれば、この場合いったいだれが幸運なのだろう。

意識的な理性は、「あるべき」姿、すなわち、正しく見えるものに注目するきらいがある。わたしたちは、なにが美しいか、なにが大きいか、なにが有徳か、なにが有用か知っていると考える。しかし、わたしたちが当てにしていることばや価値がいかに根拠のないものか、本当に理解できているだろうか。

人間は湿地で寝ると腰を病んで半身不随になるが、鰌《どじょう》でもそうだろうか。人間は木の上にいると震えあがってこわがるが、猿でもそうだろうか。いったい、三者のだれが本当の居場所を知っているのだろう。人間は家畜を食べ、大鹿や鹿は草をはみ、ムカデは蛇をうまいと思い、梟《ふくろう》や烏《からす》は鼠《ねずみ》を好む。いったい、四者のだれが本当の味を知っているのだろう。猿は手長猿を雌と見なし、大鹿は鹿と交わり、鰌《どじょう》は魚と遊ぶ。毛嬙《もうしょう》や麗姫《りき》などの美女は人からすれば美しいが、魚がそれを見れば水底《みなそこ》にもぐり、鳥がそれを見れば空高く飛び去り、鹿がそれを見れば駆け足で逃げ出す。いったい、四者のだれが本当の美を知っているのだろう。[41]

わたしたちが特定の視点から世界を見ていること自体は問題ではない。というのも、鰌《どじょう》や鳥や鹿にもそれなりの視点があるからだ。問題なのは、自分の視点が普遍的だと思い込み、心を閉ざしてしまうことだ。わたしたちは厳密な区別をもうけ、あまりに確固とした分類や価値観をつくってしまう。

＊41　民は湿に寝《い》ぬればすなわち腰疾《ようしつ》して偏死するも、鰌《しゅう》はしからんや。木におればすなわち惴慄恂《ずいりつじゅ》懼《んく》するも、猿猴《えんこう》はしからんや。三者いずれか正処《せいしょ》を知る。民は芻豢《すうけん》を食らい、麋鹿《びろく》は薦《せん》を食らい、蝍且《しょくしょ》は帯《へび》を甘《うま》しとし、鴟鴉《しあ》は鼠《ねずみ》を耆《この》む。四者いずれか正味を知る。猿《えん》は猵狙《へんそ》もって雌《し》となし、麋は鹿と交わり、鰌は魚と游ぶ。毛嬙《もうしょう》・麗姫《りき》は人の美とする所なるも、魚はこれを見れば深く入り、鳥はこれを見れば高く飛び、麋鹿はこれを見れば決して驟《はし》る。四者いずれか天下の正色を知らん。
［民湿寝則腰疾偏死、鰌然乎哉、木処則惴慄恂懼、猿猴然乎哉、三者孰知正処、民食芻豢、麋鹿食薦、蝍且甘帯、鴟鴉耆鼠、四者孰知正味、猿猵狙以為雌、麋与鹿交、鰌与魚游、毛嬙麗姫人之所美也、魚見之深入、鳥見之高飛、麋鹿見之決驟、四者孰知天下之正色哉。］

しかし、明白としか思えない分類や、普遍的で揺るぎようがなさそうに見える価値観ならどうだろう。どんなときも殺人は悪いことなのではないだろうか。銀行強盗はどうだろう。ぬかりなく錠前をこじあけ、音もなく銀行に押し入り、見つかることなく金を盗んで逃げられるように訓練を積む強盗を想像してみよう。荘子が倫理上の是非や善悪という明快な分類さえ否定するなら、どんな根拠でこれが悪いことだと言えるだろう。なんといっても、この強盗は訓練した自発性の申し分のない例ではないだろうか。

しかし荘子なら、そもそもこのような状況になったのが厳格な区別のせいだと言うだろう。本当に〈道〉に従う修練を積んでいるなら、強盗にはならないはずだ。人を殺すこともない。強盗ははじめから区別してものごとを考える。「おれのもの、あいつらのもの、おれはこれが欲しい、あれを奪ってやろう」という考え方だ。殺人を犯す者は、寿命をまっとうしないうちに生命を終わらせることで、〈物化〉の流れを分断している。荘子にとって盗みや人殺しに反対する論拠は、それが倫理に反する行為だということではなく、それが厳格な区別をすることから生じていることだ。

荘子のたとえ話は、平凡なものから壮大なものまでじつに変化に富んでいるが、すべてが人生と一体化することについて語っている。こだわりを捨て、シャツにアイロンをかける仕事を退屈な家事と思うかわりに、訓練した自発性を養う修行ととらえることで、人生と一体になれる。鼻風邪を引いても、なんでこんなときにと思うかわりに、ベッドでぬくぬくと小説を読む機会ととらえる。婚約を解消することになっても、胸が張り裂けるほど悲しむかわりに、新しい未来のチャンスととらえる。『荘子』は、視野を十分に切りひらいた人について語っている。人生と一体化することで、〈道〉との真の感応を達成した人たちだ。荘子のたとえでは、「真人《しんじん》」と呼ばれる人たちがこれにあたる。真人は〝水にはいっても濡れず、火にはいっても熱くない〟[42]。

もし、ささいなことにも大きなことにもかき乱されなくなり、それを人生の刺激の一部として、おもしろがって受け入れられるようになったらどうだろう。もし、ものごとをあらゆる視点から眺め、それによって、起こるすべてのできごとが流転と変化の過程の一部だと理解できたらどうだろう。荘子のたとえにもどれば、このような視点の変化によって、わたしたちは真人になるはずだ。濡れずに水を通り抜け、燃えずに火を通り抜けられる。

人生を最大限に生ききる

制限のない視点から本当にすべてのものを見られるようになれば、人生のあらゆる局面をいとおしんで受け入れられる。究極の区別である、死すべき運命も例外ではない。死は、

＊42　水に入《い》るも濡れず、火に入るも熱《あつ》からず。［入水不濡、入火不熱。］

〈道〉の終わりなき循環の一つにすぎないからだ。

荘子は死の恐怖を認識していた。感覚のある生きものとして人が最期の瞬間を恐れることを知っていた。けれども、荘子の考えでは、死をこのように考えるのはまちがった区別をもうけることだ。

わたしたちが知覚する区別の一部は、否定しようのない事実だ。きみはきみだ。この本を読んでいる人間であって、目の前のテーブルでも、きみがすわっている椅子でもない。けれども、こうした区別は一時的なものにすぎない。自分について固定した考え方をする——ある瞬間、自分は生きている人間であると考える——ことで、自分をもっと大きな世界の一部ととらえられなくなるおそれがある。きみが死ねば、きみを人間たらしめているものは、もっと大きな自然界の一部になる。これは恐れることでもなんでもない。

荘子の妻が死んだ。恵子《けいし》がとむらいに行くと、荘子はちょうど両足を投げだし、盆《ぼん》をたたいて歌をうたっていた。恵子は荘子に言った。

「長らく連れ添い、子どもを育て、ともに老いた仲だろう。その妻が死んで、泣き叫びもしないだけならまだしも、そのうえ盆をたたいて歌をうたうとは、なんともひどすぎるではないか」

荘子は答えた。

「そうではない。妻が死んだばかりのときは、わたしだって嘆き悲しまずにいられなかった。ただ、はじまりをよく考えてみると、もともと生命はなかった。生命がなかったばかりではなく、もともと身体もなかった。身体がなかったばかりではなく、もともと気もなかったのだ。形のないぼんやりしたもののなかでまじりあっていたものから、やがて変化して気ができた。気が変化して身体ができ、身体が変化して生命ができた。それが今また変化して死んでいった。これは、春夏秋冬の四季の移り変わりのようなものだ。妻が天地という大きな部屋で安らかに眠ろうとしているのに、わたしがそれを追いかけて泣き叫ぶのは、われながら天命の道理を知らないことになる。だからやめたのだ[43]」

荘子は、死が心待ちにすべきものだとも、急ぐべきものだとも言っていない。むしろ、人生は最大限に生き、まっとうすべきものだ。また、荘子は妻が死んだとき悲嘆にくれなかったとも言っていない。悲しみはおのずからやってきた。わたしたちが人を亡くして悲しむのは、その人を愛していて、いなくなるとさびしいからだ。

たしかに、単純に人間の視点から考えると、死は本当に恐ろしい。死はわたしたちを——この場合、愛する人を——人間たらしめている部分の消滅といえる。しかし、できるかぎり広い視野で死を眺めれば、悲しいとはいえ、荘子がそうだったように、ほかに見えてくることがある。人間という形態はすばらしいが、〈道〉をなすすべての変化のなかでは、はかない一瞬にすぎないということだ。わたしたちは、死んだ人が常に道の一部だったし、今も道の一部だと悟る。死んだ人は草の一部になり、木の一部になり、空高く飛ぶ鳥になるだろう。自分をつくっている材料が常に宇宙の流転と変化の一部であり、これから先も常にそうだと悟れば、もはや死を恐れる必要はなくなる。思うままに人生と完全に一体化できるようになる。世界のなかでの経験を制限する究極の区別を捨て去ることができる。

『荘子』のすべての寓話や逸話は、しばりがある単独の人間の視点から解放されるとはどういうことかを考えるためにある。たとえでいえば、蝶や鳥や虎として世界を見るということだ。もっと直接的には、ほかの人の視点から世界を理解するということだ。きみが女性なら、男性の目で世界を見た場合を想像してみる。あるいは、若い人なら、老人の視点から世界を見てみる。裕福な弁護士なら、貧乏な芸術家の立場になって考えてみる。味方の、あるいは敵の目を通して世界を見るとどうだろう。あらゆる視点がもつ可能性に心をひらくことで、可能なかぎり広々とした場所から宇宙全体を眺められるようになる。それが、終わりのない〈物化〉を理解しはじめる方法だ。

この制限のない視点と訓練した自発性が、荘子の提案する展望だ。人間を超越する能力は、まさしくわたしたちが人間であることから生じている。途方もない創造力のおかげで、地球上のほかのどんな生きものよりはるかに宇宙と一体化できる。わたしたちだけが〈かのように〉の世界へ行き、他者の視点から宇宙を見ることができる。あらゆることがらに心をひらき、おのずから道に従い、能動的に物化の一部になる努力をたえまなくつづけることでのみ、そこに到達できる。

＊43　荘子の妻死す。恵子《けいし》これを弔《とむら》う。荘子すなわちまさに箕踞《ききょ》し、盆《ぼん》を鼓《こ》して歌う。恵子曰く、人と与《とも》に居りて、子を長《そだ》て身を老いしむ。死して哭《こく》せざるもまた足れり。また盆を鼓して歌うは、また甚《はなは》だしからずやと。荘子曰く、しからず。これその始めて死するや、われ独《ひと》りなんぞ能《よ》く慨然《がいぜん》たることなからんや。その始めを察すればすなわち本《も》と生なし。ただに生なきのみにあらず、すなわち本と形なし。ただに形なきのみにあらず、すなわち本と気なし。芒芴《こうこつ》の間に雑《まじわ》り、変じて気あり。気変じて形あり。形変じて生あり。今また変じて死にゆく。これ相《あ》いともに春秋冬夏の四時のめぐりをなすなり。人まさに偃然《えんぜん》として巨室に寝《い》ねんとす。しかるにわれ噭噭然《きょうきょうぜん》としてしたがいてこれを哭するは、自らもって命に通ぜずとなす。ゆえに止《や》めたるなりと。［荘子妻死、恵子弔之、荘子則方箕踞、鼓盆而歌、恵子曰、与人居、長子老身、死不哭亦足矣、又鼓盆而歌、不亦甚乎、荘子曰、不然、是其始死也、我独何能无無概（慨）然、察其始、而本無生、非徒無生也、而本無形、非徒無形也、而本無気、雑乎芒芴之間、変而有気、気変而有形、形変而有生、今又変而之死、是相与為春秋冬夏四時行也、人且偃然寝於巨室、而我噭噭然随而哭之、自以為不通乎命、故止也。］

8 「あるがまま」がよいとはかぎらない——荀子と〈ことわり〉

わたしたちはよく、自分を受け入れることで成長できると聞かされる。「ありのままの自分を愛しなさい。この瞬間の自分という人間を受け入れて心安らかでありなさい」と言われる。自己受容は自分自身だけでなく、自分の人生をも受け入れることにつながり、それによって、ある程度の平静さが得られる。

しかし、本書の哲学者の一人は、このような自己受容を憂慮したことだろう。紀元前三一〇年ころに生まれた儒家、荀子は、自分をありのまま受け入れるべきだとは考えなかった。むしろ、自分にとって自然だと思えるものをいい気になって受け入れるべきではないと論じた。

たしかに、どんな人もとっさに子どもを古井戸から救い出そうとするだろう。しかし荀子は、日々のありふれた瞬間にあまり利他的でない衝動をいだいている事実から目をそらしてはならないと考えた。最悪の欲求や願望もわたしたちにとって自然なものの一部だからだ。

わたしたちは、交通渋滞につかまり、だれかにクラクションを鳴らされればカチンとくる。友人の不運についてうわさ話をし、信じて打ち明けてくれた秘密をもらしてしまう。人に批判的なことを言われて、何日も気にやむ。その不安をしずめるために、オンラインショップで買いものをしまくる。もし、飼いならされていない最悪の部分がちょくちょく顔を出すのをいつも許していると——どの瞬間でも「本物の」自分をそのまま受け入れていると——どうなるだろう。荀子はつぎのように書いている。

> 人の本性は悪であって、それを善にするのは人為によるものだ。今、人の本性には生まれつき利益を好む傾向がある……また、生まれつき人をねたみ憎む傾向がある……そうだとすれば、人の本性に従い、感情のままに行動すると、かならず争い奪い合うことになり、社会の秩序が乱れ、ついには天下に混乱をきたす。[44]

荀子にとって、「自然のままのほうがいい」というのは危険な観念だった。それも、荀子が言っているのは、人の本性だけの話ではない。世界全体についてのわたしたちの思い込みも問題にしていた。

自然崇拝は有害だ

荀子が語った数々の〈かのように〉の話によく似た、つぎの物語を考えてみよう。

はるか昔、雨は降ることもあれば、降らないこともあった。いつ降るかはだれにもわからなかった。また、寒いこともあれば、暑いこともあった。寒いときは、まだ衣服をもたなかった人間は凍え死にする危険があった。雨が降らないと植物は育たなかった。雨が降ると植物や木の実が育ち、人間はそれを食べて栄養をとったが、同じくらい頻繁に植物には毒があり、人間は病気になった。

人間はしだいに、こうしたできごとがでたらめに起きるのではないと理解しはじめた。いつ雨が降り、いつ降らないか、いつ寒くなり、いつ暖かくなるか予想できるようになった。食べられる植物と、毒のある植物が見分けられるようになり、植物の栽培をはじめた。植物を植えるときは天気の変化に合わせ、それが季節だということも知った。この過程はつづき、人間はさらに土地を開墾して植物を育て、動物を飼いならして作業を手伝わせ、人に慣れない動物を追い払った。

やがて、かつては予測できない混沌のように見えていた自然現象——でたらめに発生する雨や風や寒さや暑さや栄養や毒――が、調和のとれた体系になった。今や、地から育つものは、より大きな天のことわりと関連している。しかし、これは自然ではない。人間が世界を飼いならした結果だ。人間が手を加えて、まるでばらばらの現象を調和のとれた一連の過程にしたのだ。

　農業の発明をめぐるこの物語は、わたしたちの知る世界が人間によって構築されたことを思い出させる。人間は自然の要素を取り出し、再構成し、手を加え、飼いならし、栽培できるようにして、人間の要求に適合させた。

　いいかえれば、人間こそ世界にパターンを与える存在ということだ。荀子によれば、わたしたちはこの世界に生まれたが、わたしたちが目にするパターン、すなわち〈ことわり〉をつくったのは、ほかでもないわたしたちだ。

　天地は君子を生む。君子は天地に理《ことわり》を与える（すなわち、天地を理《おさ》める）。君子

＊44　人の性は悪にしてその善なる者は偽《ぎ》なり。今、人の性は生まれながらにして利を好むことあり……生まれながらにして疾《ねた》み悪《にく》むことあり……しからばすなわち人の性に従い人の情に順《したが》えば、かならず争奪に出《い》で、犯文乱理《はんぶんらんり》に合いて暴《ぼう》に帰す。「人之性悪、其善者偽也。今人之性、生而有好利焉……生而有疾悪焉……然則従人之性、順人之情、必出於争奪、合於犯分（文）乱理、而帰於暴。」

というものは天と地とならぶものであり、万物を統《す》べるものであり、民衆の父母である。君子がいなければ、天地に理《ことわり》はない。[45]

荀子は、自然へのどんな忠誠も、それがわたしたち人間の自然な本性であれ外界の自然であれ、とにかく自然を「あるがまま」に受容することは本来的に極端で有害だと考えた。そして、すでに世界がどこまで人間のつくり出したものになっているか理解すると、わたしたちの生き方がどう変わるか考えてみるよう求めている。わたしたちが経験する世界をつくったのがわたしたちなら、みずからに問うべきは、どうやってその世界のなかに自分にふさわしい場所を探すかではない。自分が世界をうまく構築できたかどうかを問題にすべきだ。

人間は世界に〈ことわり〉をもたらす

孔子のおよそ二五〇年後に生きた荀子は、わたしたちの中国哲学の探究をしめくくるのにぴったりの人物だ。というのも、自分より前にあらわれた思想家たちの業績を統合したからだ。

荀子は高名な師匠で当代きっての儒家として戦国時代の末期を生きた。その時代が荀子の思想形成におおいに影響をおよぼした。当時はいくつかの国が軍事力を高め、他国を圧倒しはじめており、覇権を握るのがどの国であれ、その後にもたらされる世界では、孟子の思想が役に立たないことは明らかだった。

この新しい政治情勢は知的世界に影響を与えた。時代の混乱と無秩序を目撃した荀子などの思想家は、政情に対する統一的な解決策を求めただけでなく、過去の時代からの種々異なる哲学的思想の系譜を取りあげ、首尾一貫した統一体にまとめあげる統合命題をも探求した。荀子は、でたらめな自然の要素を能動的に織り合わせ、世界に〈ことわり〉（パターン）をもたらす存在として人間を描きだし、それと同じように、過去三世紀にわたる数々の刺激的な概念や思想に規則性（パターン）を与えた。

荀子は自分の哲学を確立するなかで、自分に先んじた思想家たちがたしかに大きな意義のある概念を生み出していたと考えるようになった。たとえば、孟子が自己修養に着目したのは正しかったし、人間がものごとを結びつけるという老子の考えはきわめて重要だ。けれども、荀子は同時にどの思想家にも盲点があると論じた。おのおの重要なことを理解

＊45　……天地は君子を生み、君子は天地を理《おさ》む。君子なる者は天地の参《さん》なり、万物の総《そう》なり、民《たみ》の父母なり。君子なければすなわち天地も理まらず。［……天地生君子、君子理天地。君子者天地之参也、万物之総也、民之父母也。無君子、則天地不理。］

しながらも、大局観に欠けていると考えた。

ただし、孔子だけは別格だった。荀子は、孔子だけがもっとも重要な、もっとも根本的な慣例を理解していたと考えた。よりよい人間になるための〈礼〉の修練だ。

しかし、荀子は礼をまったく別の形で利用した。孔子にとって、礼とは、〈かのように〉のささやかな瞬間をたえず構築し、人間関係に局地的な秩序をつくり出す手段だった。荀子はこの概念を発展させ、局地的な〈かのように〉の瞬間を構築するかわりに、広大な〈かのように〉の世界をつくり出せるようにした。荀子は、礼がそのとおり人為であると認識できたとき、はじめて人の本性を変える礼の力が発揮されると考えた。この人為という認識こそ、世界全体にも適用すべきだと荀子が説いているものだ。そうすれば、礼はよりよい人間になるのに役立つだけのものから、よりよい世界の構築にも役立つものになる。

素のままの自分を出してはいけない

荀子が自著のなかで、人の本性をねじ曲がった木にたとえ、外から力ずくで真っすぐにしなければならないものととらえていたことはよく知られている。しかし、人の本性について批評するほかの人たち（たとえばカントは、十何世紀ものちに、〝人間性というねじ曲がった材木からは、真っすぐなものなどつくられたためしがない〟と主張している）と違って、荀子は、ねじ曲がった木である人の本性も真っすぐにできると考えた。そのためには〈偽〉、すなわち礼を生じさせる「人為」が必要になる。

とはいえ、人為はうまく用いなければならない。わたしたちは、人為的でつくりものっぽい人を信用しない傾向がある。しかし、わたしたちの個々のペルソナ、すなわち人格という仮面もつくられたものだと荀子なら指摘するだろう。たとえ自分では自然で「本物」だと思っていても、実際はそうあることを選択した結果であり、だから一種の人為といえる。荀子にとって、人為的なのはよいことだ。ただ、自分が人為的なことをしていると自覚して、それをうまくやる必要があるというだけだ。

人為は無意識の本性や手に負えない感情をコントロールするのに役立つ。幼い子どもは、疲れたり、お腹がすいたり、今すぐお気に入りのおもちゃで遊べなかったりすると、ひどいかんしゃくを起こす。しかし、わたしたち大人はもっと自制心がある。寝不足でも、空腹でも、すっかり帰る準備が終わって今から職場を出ようとしていても、同僚が上司とのもめごとについて一〇分ばかり相談に乗ってくれと頼んできたら、「自然な」感情に身をゆだねたりはしない。まちがっても腹立ちまぎれにコーヒーカップを同僚に投げつけてお断りだと怒鳴ることはない。わたしたちは〈かのように〉ふるまう。もちろんきみのためなら喜んで相談に乗るよと答える。そして、同僚の支えになりながら、自分自身そのやりとりを楽しみ、同僚のために時間をさいたことで気分がよくなり、疲労も空腹も忘れてしまう。予定していたより一五分遅れて職場を出るころには、「自然な」本来の自分に屈していた場合よりもっと元気になっている。

自然に生まれ、そのままの状態にあるものを性という。……あるがままに感応して、干渉を受けることなく自然のままの状態にあるものも性という。性の好悪《こうお》喜怒哀楽を情という。

情がそのような状態のとき、心が作用してどれかを選択することを慮《りょ》という。心が思慮したうえで、体がそれを行動にあらわすことを偽《ぎ》すなわち人為という。[46]

荀子は、意識的に自分の本性に働きかけて、感情や衝動を修め律するべきだと説いた。農業がまわりの世界に〈ことわり〉(パターン)を与えたのと同じように、人為的に構築した礼などを通じて、自分の本性に行動パターンを根づかせる。幼い子どものようなかんしゃくの衝動をおさえられるようになり、そのようにして、ものごとに対する反応を形成していける。

しかし矛盾がある。聖人が人間で、生まれながら悪の本性をもっているなら、そもそも、なぜ礼をつくろうなどと思いついたのだろう。どうしてどろどろと渦巻く衝動に打ち克って、意識的によいおこないをすることができたのだろう。

荀子は別の〈かのように〉の物語で、礼のような、人がうまく共生するのに役立つ革新をどのように思いついたか想像するよう求めている。荀子はこの革新を陶工にたとえた。

そもそも礼義というものは、聖人の人為から生じるのであって、もともと人の本性から生じるものではない。陶工は粘土をこねて器をつくる。そうであれば、器は陶工の人為によってできるのであって、もともと陶工の本性によってできるのではない……聖人は思慮を重ね、多くの人為を繰り返したうえで、礼義をつくりあげ法規を起こす。そうであれば、礼義や法規というものは聖人の人為によってできるのであって、もともと人の本性によってできるのではない。[47]

人としての基準や法律や礼の創造が陶器の創造になぞらえられていると思う人もいるだろう。人間の能力を広げた二つの大いなる創意工夫だ。しかし意外にも、荀子がここでく

＊46　生のしかる所以《ゆえん》のものはこれを性といい……精合し感応じて事とせずして自らしかるものもこれを性という。性の好悪喜怒哀楽はこれを情という。情のかくのごとくして心これが択をなすはこれを慮《りょ》という。心慮《はか》りて能《のう》これが動をなすはこれを偽《ぎ》といい……［生之所以然者謂之性……精合感応、不事而自然謂之性。性之好悪喜怒哀楽謂之情、情然而心為之択謂之慮。心慮而能為之動謂之偽……］

らべているのは、人間社会の構築と、ゆっくりと時間をかけて陶器のつくり方を学ぶ単調で地道な仕事だ。礼はたんに偶然のできごとから生じたのではないという点に注意をうながしている。礼は意図的に考案された試みだった。聖人が礼をつくることは、陶工が粘土に触れて感覚をつかみ、どんな形がふさわしいか想像しながら、陶器をつくれるようになるためにこつこつと修練を積んでいくようなものだ。聖人は人の本性に人為を応用し、人同士のかかわりがどう変化するか察知する感覚や、どのような〈かのように〉のかかわりがうまく共生するのに役立つか想像する感覚を研ぎ澄ましていった。聖人はゆっくりと時間をかけて、陶工が陶器をつくり出す方法を学んだのとまったく同じように、礼をつくり出せるようになった。荀子の考えによると、人間の文化や社会的な儀礼は、一つの偉大な革新として起こったのではなく、人為によって生み出される日々の技巧を通じて生じた。

人の本性というものは、そもそもの出発点であり、素朴な素材だ。人為というものは、修飾性と合理性のある盛大なものだ。本性がなければ、人為を施すべき素材もない。しかし、人為がなければ、本性はそれ自体で美しくなれるわけではない……人の本性と人為が一体に合わさったとき、天下が治まる。[48]

天から与えられたわたしたちの本性は、人の行為によって〈ことわり〉がもたらされるのを待ちかまえている。その結果、じつに美しいものが生まれる。想像もつかないほど高められた人間性だ。

人間は自然を改良する

馬車と馬を利用すれば、足を強くしたわけではないのに、千里の道を行くことができる。舟と櫓《ろ》や櫂《かい》を利用すれば、泳げるわけではないのに、川や海を渡ることができ

＊47　凡《およ》そ礼義なる者はこれ聖人の偽《ぎ》より生じ、故《もと》人の性より生ずるにあらざるなり。故より、陶人は埴《つち》を埏《う》ちて器をつくる。しからばすなわち器は陶人の偽より生じ、故陶人の性より生ずるにあらざるなり……聖人は思慮を積み偽故を習い、もって礼義を生じて法度を起す。しからばすなわち礼義法度なる者は、これ聖人の偽より生じ、故《もと》人の性より生ずるにあらざるなり。［凡礼義者、是生於聖人之偽、非故生於人之性也。故陶人埏埴而為器、然則器生於工（陶）人之偽、非故生於〈陶〉人之性也……聖人積思慮、習偽故、以生礼義而起法度、然則礼義法度者、是生於聖人之偽、非故生於人之性也。］

＊48　性なる者は本始材木なり、偽なる者は文理隆盛なり。性なければすなわち偽の加うる所なく、偽なければすなわち性は自らは美なることあたわず……性と偽と合して天下治まる。［性者本始材朴（木）也、偽者文理隆盛也。無性則偽之無所加、無偽則性不能自美……性偽合而天下治。］

る。君子も生まれつきほかの人と違っているわけではなく、ただ物を利用するのに長《た》けているだけだ。[49]

人間の「進歩」が地球や気候におよぼす影響を心配している人は多い。わたしたちは、遺伝子操作した作物や幹細胞研究の倫理について議論し、ラップフィルムの毒性やフッ化物を添加した水道水の使用を懸念する。子どもが電子機器を手放さないのを見て、子どもといえば庭で遊びまわるものだった時代はどこへ行ったのかといぶかしむ。わたしたちの多くは、技術進歩の猛襲への反応として、自然のものを美化し、人の行為がすべてを悪化させたかに見える前の時代にもどれたらどんなにいいだろうと考える。このように過剰につながった、科学技術が過剰に高度化した時代には、もっともな懸念だ。けれども、いつも自然のままのほうがいいのだろうか。

驚くことではないが、荀子はそうは考えなかった。荀子の時代にも、より自然な世界への強いあこがれがあった。しかし荀子は、やみくもに自然をあがめる危険性について言いたいことがたくさんあった。

荀子は人為的に構築された世界をつくり出す人間の能力をよいものととらえていた。なんといっても、自然な状態の世界は苦労に満ちている。魚が泳いだり、鳥が飛んだりするのはたしかに〈道〉に従っている。しかし、魚といえども、苦労して故郷の川をさかのぼって産卵する鮭もいる。鳥といえども、おびえた小動物に上空から荒々しく襲いかかる猛禽もいる。こうした生きものも、すべて自然に従っておのずから生きている。そして、わたしたちも自然のままの状態なら、おのずからこのように生きるだろう。けれども、わたしたちは自然のように、永遠に野生のままで、永遠に苦労しつづけることは望まないはずだ。わたしたちはあらゆる生きもののなかで唯一、世界を構築できる存在であり、その世界で自分自身を変革し、自然の状態を超越できる。世界のほかのものから自分たちを区別しようとする理性は強みであり、おかげでわたしたちは人間らしい道徳や礼や技術革新を生み出せる。

世界は自然であるべきだと考えることの危険性は、人間がどれほどすばらしいものをつくり出す能力をもっているか自覚するのを妨げ、まわりの世界に対する人間の責任を否定してしまうことだ。荀子は、わたしたちが理性を利用して自然な自己と自然な世界を改良し、可能なかぎり最良の人間になることを望んだ。

荘子の包丁《ほうてい》の話を思い出してみよう。肉のパターンを鮮やかに感じとれるようになった

---

*49 輿馬《よば》を仮《か》る者は足を利するにはあらず、しかるに千里を致《きわ》む。舟楫《しゅう》を仮る者は水に能《た》うるにはあらず、しかるに江海を絶《わた》る。君子も生まれつき異なるにはあらず、善く物に仮るなり。［仮輿馬者、非利足也、而致千里。仮舟楫者、非能水也、而絶江河（海）。君子生非異也、善仮於物也。］

ため、牛刀が肉のすきまをよどみなく進むようになり、砥石で刃をとぐ必要がまったくなかった料理人だ。荘子はそのようなパターンが自然のなかに存在すると考えただろうが、荀子なら、このシナリオにいくらかでも自然の部分があるという意見にも異論を唱えただろう。肉の出どころである肉牛は家畜化されたものだし、牛刀は人の手でつくったものだと指摘したはずだ。包丁が料理人の職を得ていることからして人為だ。この仕事をつくり出したのも人間だからだ。状況全体が社会的に構成されている。あらわれているパターンは人の手が加わった結果であり、その点に注目すべきだ。わたしたちは自然を飼いならし、構造を与え、パターン化する。どのようにそれを実行するかはわたしたちしだいだ。

問題が起きたら直せばいい

荀子が文明の発明をめぐる物語で指摘したのは、「自然」なもののうえに築き、それを比較にならないほど改良する努力をわたしたちがつづけてきたということだ。

世界に〈ことわり〉を与えることで、それまでの、着るものがないために冬には凍え死に、すみかがないために洞窟や木のうえで暮らし、食べものを探し歩いて時には食べられる木の実が見つかるものの、毒のある木の実を食べて死ぬ場合もあった時代をあとにした。衣服、すみか、農業の発明によって、人類は自然な世界を飼いならし、繁栄のために世界を変容させた。

もちろん、人間の介入は多くの危険な結果もまねきうる。しかし、荀子ならそうした介入から手を引こうとはせず、自分の生きる世界を自分の手でつくり出したことを自覚し、どこで失敗を犯したか気づくことで、その点を改良し、もっとうまく介入し、うまく技術革新し、うまくつくり出すことだろう。

わたしたちはこれまでも世界に「ことわりと秩序」を強要してきた。その構築物のなかには、はっきりと識別できるものもあれば、それほどはっきりしていないものもある。

一例をあげよう。わたしたちはよく、出産に関して「自然」ということばを使う。自然なお産こそ自然が意図した形の出産だと考える人たちがいる。薬なし、医療行為なしで、病院外で出産する場合もある。医療介入がはじまるまで、女性はそのようにして出産していたとされる。自然のままのほうが母子どちらにとってもいいという意味合いがある。

しかし実際には、現代のわたしたちが自然なお産と考えているものは、それ自体が介入だらけだ。とくに革命的だったのは、お産を介助する人が手を洗うようになったことだ。出産直後の時期の妊産婦死亡率はかつてとても高かった。おもな死因のひとつは、不衛生な環境からくる出産後の発熱だ。一九世紀半ば、センメルヴェイス・イグナーツというハンガリーの医師は、病院で出産する妊産婦のほうが、（身体が対処すべき外来の病原菌が少ない）自宅で出産する女性よりはるかに死亡率が高いことに気づき、その原因を調査するために大規模な研究に着手した。センメルヴェイスは消毒剤で手を洗うことで大幅に死者を減らせると結論づけたが、嘲笑を買うこととなった(なかには、「医者は紳士であり、紳士の手は常に清潔なものだ」と言う医師までいた)。センメルヴェイスが勤務していた病院ではこの提案を取り入れ、妊産婦死亡率が九〇パーセント低下したが、ほかの場所ではせっかくの勧告もほとんど黙殺された。センメルヴェイスは、批判と自説への確信のなさから健康を害し、四七歳の若さで精神病院で死去した。数十年のちにフランスの微生物学者、ルイ・パスツールが病原菌の存在を証明したあとになって、ようやく医師たちは、決まった手順として出産に立ち会う前に手を洗うようになった。

今日、手洗いは必要な予防策として完全に自然な行為だと考えられているが、実際は人が発見し、数十年かかってようやく根づかせたものだ。さらに荀子なら、手洗いが必要になったのはそもそも病院での出産という革新の結果だと指摘しただろう。病院での出産は、それ自体が人口増加などの変化に合わせた対処だったうえ、外来の病原菌にさらされるという新しい危険の原因にもなった。どんな革新も新しい問題を生じさせ、今度はそれを解決しなければならない。けれども、荀子に言わせれば、解決策は革新以前の時代にもどることではない。革新を足がかりにさらなる進歩を遂げ、前の問題で生じた新たな問題に対処できるはずだと改めて説くにちがいない。

もう一つ例をあげよう。わたしたちは、遺伝子組み換え作物がますます普及しているのを恐れ、遺伝子組み換え食品にはそのように表示するよう求めさえする。このような遺伝子組み換えは、人間が神のまねごとをし、自然律を操作することへの懸念を生む。しかしじつをいえば、今日わたしたちが口にする食べものは、過去数千年のあいだに手を加えられてきたものがほとんどだ。森の奥深くへ分け入って、きのこなり、野生の木の実なりの食糧を探すのでなければ、なんの家畜化や栽培化もなされていない食べものを見つけるのは至難のわざだ。現行の遺伝子操作は、たんにこれまで可能だった方法より素早く植物を変化させることができるというだけだ。

もちろん、すべての遺伝子組み換え食品がよい形で遺伝子操作されているわけではない。けれども、荀子に言わせれば、食べものはどのくらい「自然」かという観点で判断すべきではない。真に問うべきは、個々の例において、わたしたちが人為を賢明に適切に用いているかどうかだ。

自然な世界に対する強いあこがれは、アマゾンの熱帯雨林について議論するときにも生じる。わたしたちは——もっともな理由があって——現在起きている破壊に不安を感じている。しかし、こうした不安は、地球上に残された最後の大自然の一つを自分たちの手で破壊しているという絶望の形で表明されることが多い。ところが、考古学的な研究によって、アマゾンの熱帯雨林の大半が現地の人たちによる栽培化の産物であることを裏づける決定的な証拠が見つかっている。熱帯雨林をそのまま保存するのは、自然な状態にもどすことにはならない。人によるさまざまな種類の栽培化を保存することになる。熱帯雨林の保護は重要な問題であり、もっと幅広い問題にも関係してくる。なにが「自然」かという問いを議題からはずせば、もっと生産的な議論ができるはずだ。

わたしたちは自分の生きる世界をつくりあげてきた。その世界を別の方向へ動かそうと選択することもできる。アマゾンを保護する最良の方法や、クローンや遺伝子組み換え食品を推し進めることの是非といった問題は、なにが自然でなにが人為かという議論に発展すると、実りある話し合いができなくなる。このような見当違いの議論は、目の前にある本当の問題に向き合う妨げになる。自然をやみくもに崇拝すれば、世界を変える人間の力を放棄することになり、人は多くの問題を生み出してきたけれどそれと同じくらい改良もおこなってきたということを見すごしてしまう。

人による世界の操作のよい面に目を向けなければ、環境保護や幹細胞研究のような微妙な問題に対してみずからの手をしばり、目をつぶることになる。面倒なことはせずに、ただ自問すべきだ。わたしたちはうまくやっているだろうか。やっていないとすれば、どんな改善ができるだろうか。

自然を美化する人がいるのと同じように、科学技術をあがめ、なんであってもこれまでより新しくて大きいもののほうがよいと考える人もいる。けれども、自然と同様、人為もやみくもに受け入れるべきものではない。科学技術の進歩が人生を生きやすくする数多くの新しい技術革新につながってきたのはたしかだ。しかし荀子なら、どちらの陣営も——科学技術を美化する人たちも、悪者扱いする人たちも——人為のとらえ方をまちがえていると言うだろう。問題とすべきは際限のない技術革新ではない。それぞれ個別の状況で、それを使ってなにをするか、それをどう足がかりにするかが重要だ。

わたしたちは人為的に構築された世界をつくってきた。はかりしれないほど重大な問題をかかえた世界だ。けれども、だからといって世界をよりよいものに変える人の力を放棄すべきではない。かわりに、わたしたちがなにをなしてきたか理解することで、これから向かう先を変更できる。

今あるものをよくする

水や火には気があるが生命はない。草や木には生命があるが知覚はない。鳥や獣には知覚があるが義はない。人間には気があり生命があり知覚があるうえ、さらに義もある。だから天下でもっとも高貴なのだ。[50]

荀子は、宇宙のあらゆる生きもののなかで、唯一わたしたちだけが自己の能力をはるかに超えることができ、自分のためによい人生をつくれると考えた。

そうした考えは、自分より先にあらわれた思想家たちの概念を基盤としていた。しかし、荀子の思想は本人の生きた動乱の時代をも色濃く反映していた。強力な国々が巨大な官僚組織をつくり、中国を統一する新しい王朝を建てるための軍事行動のなかで、先例のない勢いを増しつつあった。

諸国の力を減じ、もっと徳の高かった時代へもどることを求める声が多数あった。しかし荀子には、もはや過去へはもどれないことも、来たるべき王朝の形態がそれまでのものとは大きく異なるだろうこともはっきりわかっていた。荀子にとって進むべき道は、あれこれ問題はあるものの、そうした国家組織を退けることではなかった。それより、今あるものに働きかけなければならないと考えた。必要なのは、この新しい組織をうまく使いこなせるようになることだった。すでに存在するものを再構成して、社会的流動性のある国家を建て、教養のあるエリートが統治する世界をつくる。そのような能力主義の社会をつくることこそ、荀子にとって、人がもっとも賢明に世界に〈ことわり〉を与える方法だった。

世界に哲学のことわりを与えるにあたり、荀子はすでに世に出まわっていた刺激的な思想を検討した。世界を生み出す老子の概念には同意したが、自然に見えながら実際には違う世界を生み出すという観念は危険だと考えた。カルトのリーダーなら、破滅的な未来を描き、それを信奉者に信じ込ませる。たとえばヒトラーは、自然に見えながら非人道的な荒廃に終わった世界をじわじわとつくりあげた。

荀子は『内業』の修養のすすめは理解していた。しかし、自己の神性を修養し、周囲の世界と感応することは、人間性を超越することにつながりかねないと考えた。この人間性こそ、よりよい世界をつくり出す力をわたしたちに授けると荀子が論じたものだ。感応する神の気のようになろうなどと望んではいけない。わたしたちをつくっているややこしい人間らしさの部分でなんとかするべきだ。

思想家たちの系譜から考えると、荀子は自分以前の二世紀以上にわたる思想を一つに織り合わせたといえる。わたしたちも生活のなかで同じことができる。ある文脈ではより老子らしくふるまい、別の文脈ではより荘子らしく、あるいは孔子らしくふるまうことがどんな意味をもつかじっくり考えてみることだ。荀子が悟ったように、どの思想家もおのおの貴重な発見をしたものの、一方でどの思想にもそれぞれ限界や弱みがあることに気づくはずだ。

＊50　水火には気あるも生なく、草木には生あるも知なく、禽獣には知あるも義なし。人には気あり生あり知ありてまたなお義あり、ゆえにもっとも天下の貴たるなり。［水火有気而無生、草木有生而無知、禽獣有知而無義。人有気有生、有知亦且有義、故最為天下貴也。］

わたしたちは常に自分自身をつくり出し、世界をつくり出している。わたしたちも、わたしたちの生きる世界も、もとより人為の産物だ。唯一、自己修養だけが、完全に人間のままでいながら、それまでの自己像を超えることを可能にしてくれる。かしこくつくり出すことの意味がいったん理解できれば、眼前に広がっているすべての可能性に常に心をひらいたままでいられる。わたしたちがいかにそれまでまわりの環境を形づくってきたかを認識すれば、世界にことわりと秩序を与えられる宇宙で唯一の存在としての役割を担えるようになる。外界の自然は、内なる自然、すなわち人の本性と同じだ。手をかけ、改変し、はるかによいものにする対象だ。この世界を構築したのはわたしたちなのだから、わたしたちなら変えることもできる。

9　世界じゅうの思想が息を吹き返す時代

孔子は言った。〝わたしは一五歳で学問に志し、三〇歳で社会での基盤を確立し、四〇歳であれこれ迷わなくなり、五〇歳で天命を悟り、六〇歳で人のことばにすなおに耳を傾けるようになり、七〇歳で心のおもむくままにふるまっても道をはずれなくなった[51]〟

この本は挑発的な主張からはじまった。わたしたちは、自分が何者か、社会がどう機能するか、自分が世界史のどこに位置するかについて、だれもが思い込みにとらわれていると指摘した。そして、その思い込みの多くがまったくの誤りだと論じた。それも、現実か

＊51　われ十有《ゆう》五にして学に志《こころざ》す。三十にして立つ。四十にして惑《まど》わず。五十にして天命《てんめい》を知る。六十にして耳順《みみしたが》う。七十にして心の欲する所に従って、矩《のり》を踰《こ》えず。［吾十有五而志乎学、三十而立、四十而不惑、五十而知天命、六十而耳順、七十而従心所欲、不踰矩。］

ら見て誤りであるだけでなく、危険な誤りでもある。というのも、この思い込みに沿って生きることは、自分の経験と可能性をいちじるしく制限することになるからだ。

ある物語が広く信じられるようになった。わたしたちは伝統的な世界の抑圧的な過去を断ち切り、今では自由に人生を送れる近代的な世界に生きているというものだ。この支配的な物語があまりに広くいきわたり勢力をふるってきたため、わたしたちは時とともに、これがまったくの真実であり自然なこととして受け入れるようになった。そして、気づかないうちに、わたしたちの思い込みや行動はこの物語に誘導されてきた。

わたしたちの定義によれば、伝統的な社会は、安定した自己と固定した条理のある世界だとされる。なにも疑わずにより大きな社会規範に従うことで成功する社会であり、最小限の社会的流動性しかない社会であり、さまざまな思想から隔絶された狭い世界観のなかで生きる社会だ。

しかし、伝統を本当にこのように定義するなら、わたしたちこそが伝統的な世界観を受け入れ、伝統的な社会に回帰しているといえる。個人のレベルであれ（人とのつき合い方をみずから限定する、将来についての決断の範囲をみずからせばめる）、社会のレベルであれ（少数の支配層の手に富が集中し、社会的流動性が大幅に低下する）、どちらの領域でもわたしたちは着実に伝統的な世界に逆もどりしている。

伝統性と近代性という観念は、一方の端に伝統的な世界、もう一方の端に近代的な世界を配した尺度であらゆるものを考えることにつながった。けれども、ものごとを見るには、これとはまったく異なる軸がある。本書の思想家が考えたように、安定した／本物の／偽りのない世界が、分裂した／切れぎれの／わずらわしい世界と完全な対極をなす尺度だ。

本書で見てきた中国哲学は、この物語の束縛から解放してくれるばかりか、わたしたちが何者で、どんな世界に生きているかについていだいている思い込みからも抜け出させてくれる。近代の世界とは、偽りのない理路整然とした真正なものであるとは考えなくなり、そうした考えがいかに足かせになってきたかが見えてくる。複雑さや断片化に向き合ってこそ、今いる場所から解放される。なかなか受け入れがたいかもしれないが、そうすることで伝統的な世界を離れ、真の国際人になれる。

「伝統」は誤解されている

そもそもこうした概念がわたしたちから失われたのはなぜだろう。

枢軸時代については本書でもすでに触れた。ユーラシア大陸のいたるところで、過去の貴族社会からの急激な離脱につづいて宗教と政治の実験が盛んにおこなわれた時代だ。しかしその後、少なくともユーラシアの一部の地域では宗教と政治の実験は終わりを告げた。

ユーラシア大陸の西方ではローマ帝国が崩壊し、ヨーロッパは貴族の血筋による支配にもどった。数世紀たったのちに「伝統的」と見なされた世界、すなわち社会的な地位も政治権力も生まれによってのみ決まる世界が復古した。いずれ一九世紀には転覆することになる世襲社会的な世界だ。

この世界は政治的に切れぎれだった。貴族が各地で局地的な領土を支配した。それぞれの領土の支配者は望むままに独自の慣習や法令をつくり、そこにはなんの連係も一貫性もなかった。全体を統《す》べ、包括的な法律をつくる国家はなく、それぞれの領地を結びつける街道などの公共インフラもない。社会的流動性もなければ、商業活動の発展を可能にする輸送路も整っていなかった。

わたしたちの考える近代化のきざしが見えはじめるのは、それから一〇〇〇年以上ものちのことだ。個人を重視するプロテスタント主義があらわれ、都市と市場経済が登場し、やがて中産階級が台頭して自分たちの政治権力を求めはじめた。

＊＊＊

ここで述べたことすべてがヨーロッパの発展と、わたしたちがいだくようになった中国観の双方に深刻な衝撃を与えた。

ヨーロッパでは、生得権にもとづく古い階層社会からの離脱は一時的なものに終わり、ローマ帝国が崩壊するとすぐに貴族制の形態にもどった。けれども、世界のほかの地域では、伝統的な過去からの離脱がもっと長くつづいた。

古代帝国の時代、中国最初の大帝国といえる漢王朝は、郡国制をしいてうまく機能させ、官僚制と法を用いて世襲支配を骨抜きにした。三世紀に漢王朝が崩壊したあとも、後続の帝国が効果的な国家官僚制の考案につとめ、中国は繁栄した。

たとえば、七世紀のはじめ、北西ヨーロッパがいまだに孤立した封建的な小領地に占められていた時代、中国に巨大な新帝国が生まれた。唐王朝だ。実効性のある官僚制と法体系によって運営され、好況で活気のある国際的な社会をつくりあげた。首都はユーラシアじゅうから集まった人と品物と宗教であふれていた。

一二、一三世紀には、大きな支配力のある中国の官僚制は、真の能力主義組織になっていた。権力のどの地位も、皇帝位をのぞけば、教養を身につけ科挙と呼ばれる官僚登用試験を受けなければ手に入れられなかった。

科挙の目的は、志願者のもって生まれた資質や、発揮できる技術なり能力なりを評価することではなかった。試験の一環として、志願者はどんな役人も直面しそうな現実のシナリオをめぐる質問をされた。道徳上のジレンマや葛藤、相いれない利害などに悩まされるような状況だ。評価されるのは、正解を導けるかどうかではない。正解などないからだ。志願者は、全体像を見て、複雑な状況を切り抜ける潜在能力をもっているかどうかで評価された。科挙は善良さを測る試験だった。

いうまでもなく、科挙の制度はすべての人に分け隔てなくひらかれたものではない。まず、科挙の受験者は男に限定されていた。また、当時は世界じゅうどこでもそうだったように、万人に対する教育はなかった。富裕層の家族は子どもが科挙のための指導を受けられるよう手配できた。とはいえ、受験勉強をする者は、道徳的な自己修養の指導を受け、貴族のエリートとは異なる価値観を学んだ。試験の際、受験者の解答は匿名にされ、どの家の出かは問われなかった。

科挙に合格すると、地元からはるかに離れた場所へあちこち転任させられた。子ども時代の縁故や地元の強力な利害関係者によって判断が過度に影響されないようにとの配慮からだ。

これが意味するのは政治権力が世襲制ではないということだ。権力を握るのは教養のあるエリートだった。

貴族エリートの既得権者から解放された国家は、その精力を公共インフラ事業に傾けることができた。封建的なヨーロッパの分散し分断した世界ではなしえなかったことだ。中国では、街道がつくられ、運河が掘られ、大規模な法制度が発展した。このすべてが経済の成長を大いに助けた。経済が軌道に乗ると、巨大な交易網が中国全土に、そして国境をはるかに越えて発展しはじめた。この交易網が大きな役割をはたし、一五世紀から一八世紀を通じて、交易体制が東南アジアのいたるところに広がりはじめ、インド洋を越えて、中東にまでおよんだ。また、この交易網は最終的に中国と地中海地域とを結んだ。たとえば、ヴェネツィアは、おもにこの交易網を通じて品物を売買することでとてつもなく裕福な都市になった。

大規模な海事経済がユーラシアの大部分を変化させはじめたころ、ヨーロッパの一部は「伝統的」でありつづけ、いまだに貴族の氏族が運営していた。オランダ、スペイン、イングランドといった北西ヨーロッパの諸国は、この交易網からもそれが生み出す富からも遠く離れていたので、アフリカ南端をまわってアジアへ航海するため、そしてのちには西まわりに地球を一周するために船を建造しはじめた。ところが、アジアに到達するかわりに、アメリカ上陸をはたすことになった。そして、奴隷労働を基盤に、大西洋を横断する新しい植民地経済を築きはじめた。

この新しい植民地経済が西ユーラシアに富をもたらすようになった。けれども、富はそれ自体では国家を生まない。それは物語のつぎの部分だ。

＊＊＊

早くも一六世紀には、イエズス会の修道士が中国へおもむきはじめた。修道士たちは目にしたものに愕然とした。そしてそれを伝える報告書を書きはじめた。貴族ではなく教養のあるエリートによって運用される官僚制、農民であろうと貴族であろうとすべての人に適用される法律、官僚登用試験を受けるために教育を受ける人々、能力主義による社会的流動性。すべてヨーロッパでは前例のないことばかりだった。

二世紀後、この報告書が啓蒙思想と呼ばれるヨーロッパの思想運動を生む助けとなった。フランスのヴォルテール（一六九四〜一七七八）などの哲学者は、報告書を読んでどうすればそこに説明されている社会を再現できるだろうかと考えた。哲学者たちは、官僚制と法律と教養のあるエリートを育成できる組織の構想を発展させはじめた。ヨーロッパの支配者たちは、そのような組織をもつことが十分に可能だと気づいた。なにしろ、中国にはちゃんと手本が存在するのだ。

支配者たちは機能する国家を築き、法制度を整え、強力な軍隊をつくった。大西洋経済から流入する富によって、新しい国家は途方もなく強力になり、ついにはアジアの交易網につながる立場を得た。しかし、今や目的はたんに交易網に到達することではなかった。アメリカ大陸を手に入れたように、アジアを乗っ取り、植民地化し、帝国をつくるためだった。

わたしたちの歴史観に非常に興味深いねじれが生じはじめたのはこのころだ。ヨーロッパ諸国がより裕福により強力になると、古い貴族階級は崩壊しはじめ、人々は自分たちが歴史に断絶を生んだと考えた。伝統的な世界を退け、近代的な世界をはじめたと信じたからだ。そのため、植民地化しつつあったアジアの領土を遅れた伝統的な世界ととらえた。もっと西洋のようになることで、ようやくアジアは解放されると考えた。

数世代におよぶ西洋の思想家が、中国は進化の初期段階から抜け出せていないという見方を長く受け継いだ。ドイツの哲学者、ゲオルク・ヴィルヘルム・フリードリヒ・ヘーゲル（一七七〇〜一八三一）は、中国人には自然との悠久の調和という状態が染みついていると評した。ヘーゲルは、その状態が自分の見るヨーロッパと同じ段階まで達することで、はじめて中国の進歩が可能になると考えた。理性的で、自己意識をもち、自然界から抜け出し、進歩しつづけるための奮闘と葛藤に意識的にたずさわることができる段階だ。同じくドイツの社会学者で経済学者のマックス・ヴェーバー（一八六四〜一九二〇）は、ヨーロッパに出現したような資本主義がなぜ中国にあらわれていないのか理解しようとつとめた。そして、中国では超越論的な原理が欠如していて、それが制約になっていると結論づけた。儒教とプロテスタント主義は大きく異なる哲学的な基盤を築きあげ、その結果、中国は世界に順応し、西洋は世界を変化させようとすると論じた。

にもかかわらず、ヨーロッパが――そしてその流れで二一世紀の世界が――相続してきたものの大半は、まちがいなく中国に根ざしている。能力主義の試験（アメリカの大学の入学審査に利用される標準テストであるＳＡＴ、すなわち大学能力評価試験など）のおおまかな枠組みは、最終的に中国までさかのぼることができる。すべての人に等しく適用される法律も、教養のあるエリートによって運用される官僚制も中国が起源だ。

ヨーロッパが中国からなにを学んだかという物語には、少しばかりのただし書きがある。つまり、ヨーロッパで生きながらえたのはこうした概念の一面にすぎなかった。墨子とその教えを受け継いだ法家の思想だ。ヨーロッパのすみずみにまで広がった墨家と法家の思想は、普遍法にもとづいた理性的な法制度を運用する理性的な主体として人間を描き出した。試験は純粋に能力を測定するものになり、道徳上の善良さや道徳的な修練を測るものではなくなった。墨家の思想は、もともと埋め込まれていた道徳の枠組みから取り出され、純粋に官僚政治をつくるための構想と見なされた。法家は、わたしたちが考える近代の理性的な国家が出現するための重要な構成要素になった。西洋人が置き去りにした思想は、道徳的な修練や善良さや自己修養に関する部分だ。

そのため、アジアから来た国政運営術の形態は再現されたものの、運用の仕方は異なっていた。中国で目標とされたのは、富と政治権力を分離させ、教養のあるエリートが動かす能力主義社会として国家を機能させることだった。ところが西洋では、富と政治権力を可能なかぎり結びつけることで貴族社会を解体するという戦略がとられた。富を手にすることによって社会階層をのぼれるようになり、それが政治権力に直結した。西洋においては、社会的流動性を支える推進力は教育ではなく、富だった。国家ではなく、経済だった。

これは貴族社会を解体する一つの方法だ。しかし唯一の方法ではない。これまでのすべての人類史を「伝統的」ととらえると、ほかの思想を見るときに、そこからなにか学べるかもしれないと考えられなくなってしまう。

わたしたちは、地球全体に広がるあらゆる種類の思想が活気を取りもどす新しい時代をつくり出せる。今日わたしたちが直面している個人的な危機や社会的な危機を考えると、そうした思想こそわたしたちの最大のチャンスなのかもしれない。

東洋思想は西洋で曲解されている

読者のなかには、アジアの思想が西洋ではすでに活気を取りもどしていると感じる人もいるだろう。仏教は数十年前に西洋でもたいへん人気になり、それとともに、瞑想、マインドフルネス、瞑想合宿といった、仏教の影響を受けたさまざまな観念も流入した。多くの西洋人は、長いあいだむなしさを感じてきた。自分たちの思想信条に裏切られてしまったような虚無感だ。そのため、もっと充実した人生を送る助けになりそうなものをずっと探し求めている。

けれども、西洋は自分たちの価値観や基準に合致するように仏教を適合させて導入してきた。そこには深刻な問題がある。当初、仏教が西洋人の心に響いたのは、野心や強欲の解毒剤を与えてくれるように見えたためだ。仏教と東洋は、常にせき立てられている貪欲な西洋の対極に位置するものとして美化された。しかし、仏教はあらゆる面で誤解され、個としての自己という西洋の観念のなかでもどちらかといえば危険な側面をさらにしっかりと根付かせることになった。

マインドフルネスを例に考えてみよう。マインドフルネスは、自己を切り離して世界を眺め、しかも偏った判断を加えずに刹那的にそうすることで、ものごとにわずらわされなくなるという考え方にもとづいている。めまぐるしい人生に穏やかさと静けさをもたらすための人気の手法として広く取りざたされている。今日では、生産性や効果をあげるための手段としてビジネススクールや企業や軍隊でも奨励されている。

しかし、マインドフルネスは自己の克服を目的としていた。仏教は無我の教理であり、仏教徒の実践は全体として、どんなものであれ個としての自己が存在するという観念を排除することを意図している。ところが、仏教のこの側面の多くは放棄され、かわりに、内面をのぞき込み、自己を受け入れる方法としてマインドフルネスはしばしばゆがめられてきた。異国風の自己啓発の一形態、すなわち、自分自身にもっと満足できるようにするために利用される無我の教理となった。

昨今では、別の東洋思想もわかりやすく解釈しなおされている。たとえば、道教がそうだし、儒教でさえそうなっている。道教や儒教は力をはぎ取られ、焼きなおされて、世界をありのまま受け入れたり、世界における自分の居場所を受け入れたりできるようになるためのものに変えられてしまった。

こうした理想主義的な解釈は、東洋を伝統的で遅れた世界とする西洋の見方の裏返しだ。この解釈では、アジアは西洋より賢明で融和した理想的な生き方についての古代の知恵を象徴している。けれども、自分自身にもっと満足することが、真の自己を受け入れ、世界と調和し、それになんの不満ももたないことなら、それは、自分の運命を甘んじて受け入れ、人生は運命づけられているという伝統的な世界観を強めるように仕向けることとあまり違わない。無頓着で傍観的になり、自己修養のチャンスをみすみす放棄してしまうだけだ。

わたしたちは、歴史の方向を定めるのも、すべてを判断するレンズをもたらすのも西洋だという世界観に、東洋思想を混ぜ込んできた。そのせいで、思想の本来の姿を見ることも、その偉大な可能性に気づくこともできずにいる。本書の思想家たちが見せてくれたとおり、生まれによってすべてが決まってしまう世界から解放され、人間が繁栄できる世界に移行する方法はたくさんある。

無頓着やマインドレスネス（なにも考えないこと）の反対は、マインドフルネスではない。能動的な関与だ。この本で解明してきた中国の思想は、非常に実践的で、実社会と日々の生活に根ざしている。どの古代の書物も、どうすればもっとうまく受け身から抜け出し、自分の生きる世界を変化させられるかを問題にした。

わたしたちには世界を変えるチャンスがある

この本で学んだことの多くは、すでにわたしたちが知っていることだ。すでに人生のなかで実践していることもある。本書の思想家たちのおかげで、わたしたちは、これまでなら気にとめなかっただろう衝動や行動を識別して、意識的にとらえられるようになった。この衝動や行動は、行為力を大切にしなくてはならないとか、自分の気持ちに正直でなければならないという考え方からすると、どうでもいいことのように思えたものだ。思想家たちは、自分が能動的だと思っているとき、実際は受け身になっていることや、自分に正直になっているつもりのとき、自分を閉じ込めてしまっていることを教えている。そして、世界は予測できないものであり、ありのままを求めるかわりに〈かのように〉生きることで成長するのだと気づかせてくれる。

この思想家たちは、どうすればよい人生を送れるかという点で、それぞれ異なる考えをもっていた。しかし、同じものを否定していた。どの思想家も、わたしたちを束縛する変えられない過去や、固守すべき画一的な宇宙の秩序や、従うべき理性的な法則や、先人が残した心にとめておくべき倫理的な教義などないと考えた。

本書の思想家たちが突きつける課題は、「そうしたものがないと考えたとき、きみの人生はどうなるか想像してみよ」というものだ。

わたしたちはさまざまな形で、条理ある、安定した、気まぐれでない世界を築こうとしてきた。ある人たちにとっては、墨家のものに似た普遍的な倫理規則かもしれない。事情にはいっさい関係なく従うべきカント哲学の理性的、道徳的な規定かもしれない。あるいは、統一された宇宙を信じ、そこに調和しようとすることかもしれない。最新の解釈では、その大いなる真理は、自分の内に見いだすべき本当の自己によって具体化されるという。

こうした観念がなんらかの形で初期中国にも存在したことはすでに見てきた。しかし、本書の思想家は、これとは大きく異なる観点から世界を見ていた。思想家たちによれば、わたしたちは切れぎれの断裂した世界に生き、どんなときも互いに人間らしいやりとりをしている。思想家たちは、人間がはてしない衝突と不完全な人間関係のただなかにいると考えた。

西洋人は、中国の祖先祭祀《さいし》に注目し、中国人が常に死者に耳を傾け、その影におびえて生きていたと解釈する傾向がある。ヴェーバーなどの思想家は、真剣さというレンズを通してこの儀礼を見た。ヴェーバーは、儀礼をおこなう人たちが、儀礼で描かれるとおり世界は調和していると真剣に信じていたと解釈した。

けれども実際には、祖先祭祀の参与者は儀礼が現実を反映していないと十分に承知していた。自分たちが切れぎれの世界に生きていると悟っていたが、だからこそ、わずらわしい現実の世界から抜け出し、想像上の可能性を実際に演じられる儀礼を必要とした。儀礼は、過去にならうのではなく、異なる将来をつくり出す助けになった。〈かのように〉の礼によって、子孫は自分にとりついた霊魂に働きかけ、過去に対する新たな認識をつくり出した。この過程に終わりはない。先祖を完全におとなしくさせることはけっしてできないからだ。

しかし、だからこそ祖先祭祀は繰り返しおこなわれた。時間をかけてゆっくりと変化が進む。生者は祖先を祀ることで、「過去をこのように見れば、わたしたちはこんなふうに人生を生きられる」と繰り返し示した。そして、過去を何度も何度も再建していくうちに、本当に新たな生き方をはじめた。

わたしたちもここから学べることがある。わたしたち自身の断裂した世界を修繕しようとする努力は、どうしても不十分に終わったり、失敗したりすることさえある。たとえていうと、霊魂——たとえずにいうと、過去——は、多かれ少なかれわたしたちにとりついている。けれども、もし自分の過去——ややこしい人間関係、職場での苦労、喪失、避けられない過失——にとりつかれた分裂した世界に生きているなら、祖先祭祀に相当するものをおこなう必要がある。わたしたちは、よりよい世界の構築に取り組むと同時に、他者に対する感情を繰り返し修養しなければならない。自分がいかに過去や、内面の負の力や、人間関係のはかなさにとらわれているか受け入れることができれば、人間関係を無限に向上したり改善したりできるようになる。互いを思いやるのは根気のいる仕事だ。たゆまぬ配慮や順応や敏感さがいる。しかし、わたしたち人間のおこないのなかでも、とくに重要でやりがいのある仕事だ。

断裂した切れぎれのこの世界に秩序を生み出すかどうかは自分しだいだ。世界を構築し、〈ことわり〉を与えるのはわたしたちであり、そのためには、手に負えない人間らしい感情、すなわちわたしたちをつくっているややこしい要素を取りのぞくのではなく、まさにそこからはじめる必要がある。そのためには、日々の自己修養が肝心だ。礼を実践してまわりの人とのかかわり方を向上するようつとめる。体内のエネルギーを養って、もっと活力にあふれた生き方をする。心、すなわち感情と理性の修練につとめ、パターンを打ち破って日々の決断をくだす。経験するのが億劫になりがちな自分にあらがい、常に新しいことを受け入れられるようにする。

よりよい世界を築くプロセスに終わりはない。よりよい人間関係を築こうとする努力はけっして完結しないからだ。しかし、わたしたちは人間関係を改善する方法を学ぶにつれ、状況を変化させ、それによって数かぎりない新しい世界を生み出す方法を学ぶことになる。そして、よい人生への道を示すこうした哲学的な思想のもつ可能性に目を向けることになる。

世界が切れぎれなら、世界を新たに構築するチャンスはいくらでもある。はじめは日々の生活のほんのささいなことから。そこからあらゆることを変えていく。そうすれば、あとはすべてわたしたちしだいだ。

謝 辞

なによりもまず、マイケルが長年にわたって教える栄誉を得てきた何千人もの学生たちに感謝したい。学生たちの知的好奇心と思想に対する情熱は、マイケルにとって変わることのないインスピレーションの源になっている。

お世話になったつぎの方々にもお礼を申しあげる。わたしたちの出版エージェント、ジリアン・マッケンジーは、中国哲学の本に大きな可能性を見いだしてくれた。発行者のジョナサン・カープは、このプロジェクトをあたたかく支援してくれた。編集者のプリシラ・ペイントンは、鋭い編集と揺るぎない熱意で支えてくれた。ソフィア・ヒメネスの支持と援助は、いかなるときも頼りにできた。フィル・メトカーフは、みごとな校閲をしてくれた。サイモン&シュスター社のすばらしき広告・販売促進チームのケアリー・ゴールドスタイン、リチャード・ローラー、デーナ・トロッカーにも謝意を表する。たぐいまれなアリソン・デヴァルーとカーステン・ウルフの助力にも変わらぬ感謝を捧げる。マーシュ・エージェンシーのカミラ・フェリアー、ジェシカ・ウーラード、ジェンマ・マクドナ、ジョージナ・レグライス、そして、本書を他国で出版しようと熱心に取り組んでくれている編集者のみなさんに心からお礼申しあげる。

また、ヴァイキング・UK社のダニエル・クルーにも深謝する。わざわざ時間をさいて、はかりしれないほど貴重な編集上のコメントと提案を寄せてくれた。本書の初期の原稿に鋭いコメントをしてくれたサミュエル・ダグラス、ジェニファー・マーギュリス、ローラ・シメオン、応援してくれたジェン・ギデラ、ローランド・ラム、エリザベス・モルキン、アダム・ミッチェル、キャサリン・オスメント、ジーニー・スークにも厚くお礼申しあげる。

著者二人の家族にも心から感謝する。みんなの忍耐と支えがなければ、この本が書かれることはなかった。

最後に深い感謝を込めて、互いに礼を述べたい。これは真の共同制作だった。思想家たちについての議論はマイケルの講義のなかで練りあげられた。クリスティーンはそこに今日の例をつけ加え、思想家の考えについて現代の読者に向けて書いた。その結果、どちらが一人で執筆してもはるかにおよばなかっただろう一冊が生まれた。

解説　かのように――マイケル・ピュエットが問いかけるもの

東京大学東洋文化研究所教授
中島隆博

1　マイケル・ピュエットの実践

「素晴らしい！」、「見事だ！」、「信じられない！」マイケル・ピュエットのゼミにオーディット（聴講生）として参加したときに、ピュエットが発した言葉はたったこれだけであった。大学院のゼミであったので、三時間ほどの長さだっただろうか。準備されたテキストを大学院生たちが事前に精読し、いくつかの論点を取り上げ、それらについて白熱する議論を展開していた。ところが、教授としてゼミを主宰しているはずのピュエット自身はけっして語ろうとしないのである。時折、院生たちがしびれを切らしたように、ピュエットに質問をするのだが、満面の笑みをたたえながら、上述の言葉を繰り返すばかりである。しかも、ピュエットは、あたかも本当に素晴らしいと思っているかのように、院生の問いに向かい合っていた。

最初のうちは、わたしも面食らって、ずいぶん風変わりな御仁であるなと思っていた。しかし、しばらくすると、院生たちの議論の面白さに引き込まれてゆき、時にはピュエットの存在自体を忘れるほどになった。そして、ついには、これもまた大変うまい授業のやり方ではないかと悟るようになったのである。

よし、自分のゼミでもやってみよう。単純にもそう考えたわたしは、日本に帰国後、早速ピュエット式の授業をやってみた。ところが、沈黙が少し長く続くと、わたしが我慢できなかったのである。授業で教師がしゃべらないというのは、実は思った以上に難しいことであったのだ。後日、東京大学名誉教授の仏教学者である末木文美士先生とピュエットの授業のやり方にたまたま話しが及んだときに、末木先生から、昔、東京大学の倫理学教授であった相良亨先生は、「はじめます」と「おわります」しかおっしゃらなかったと伺った。重要なことは、議論の場所を作ることであって、議論をするのは学生であるべきだ、というお考えから来たとのことだ。なるほど、良い教師というのは場を作り、それを維持するということなのだと、あらためて教わった次第である。

本書は、ピュエットの学部での講義をもとにしたものだ。大学院のゼミでは言葉をほとんど発しないピュエットであるが、学部生を相手にすると、かくも情熱的な講義をするのである。ハーバードではずいぶんと人気のある講義のようで、もう一人のマイケルであるマイケル・サンデルと並び称されるとも聞いている。しかし、そうした情熱的な講義の背後には、ゼミで見せたあの沈黙が深く横たわっているのだ。そして、それはこの本の内容それ自体とも深く関わっている。すなわち、中国哲学を通じて練り直す、かのようにという礼の問題である。

2　ピュエットの議論の哲学的文脈

マイケル・ピュエット（一九六四年生）は現在、ハーバード大学東アジア言語文明学部の教授（中国史担当のウォルター・コンラッド・クライン講座）である。シカゴ大学の人類学部で学び、一九九四年に博士号を取得している。指導教員はマーシャル・サーリンズであった。博士論文のリサーチのために、一九九三年から一九九四年にかけて北京大学に留学した。一九九四年からハーバード大学で教鞭を執っている。主要著作には、『創造の両義性——古代中国におけるイノベーションと作為』（スタンフォード大学出版会、二〇〇一年）、『神となる——古代中国における宇宙論、犠牲、自己神化』（ハーバード大学アジアセンター、二〇〇二年）、アダム・B・セリグマン、ロバート・P・ウェラー、マイケル・J・ピュエット、ベネット・サイモン『礼とその帰結——真摯さ［誠］の限界について』（オックスフォード大学出版局、二〇〇八年）がある。

本書の原題は、*THE PATH: What Chinese Philosophers Can Teach Us About the Good Life* であり、直訳すると『道——中国の哲学者はよき生について何を教えてくれるのか』である。道にしても、よき生あるいはよき人生にしても、いまの日本語の語感からすると、古くさくてカビの生えたものに聞こえるかもしれない。まして中国の哲学者などの議論は最初から耳に入ってこない可能性すらある。それを『ハーバードの人生が変わる東洋哲学』としたのは、実に慧眼である。重要なメッセージは、まさに「人生が変わる」ことにあるからだ。

英語では人間のことをhuman beingという。この人間観が、beingすなわち存在という鍵概念に拘束されていることは明らかだ。存在者としての人間、もしくは存在を問うことのできる人間等々、マルティン・ハイデガーを想起させるようなパラフレーズが、ここからは容易に展開してくる。ところが、二十世紀後半以降に問われたのは、そのような存在概念から人間を理解することが適切であったのかということであった。

たとえば、エマニュエル・レヴィナスが挑んだのは、「存在とは他なる仕方で」人間を考え直すべきではないかという問いであった。他者という鍵概念は、同一性と結託する存在概念をどう突破するかにかかっていたのだ。あるいは、ジル・ドゥルーズのdevenirすなわち生成変化もまた、存在への対抗概念であった。人間が他なるものに変わること。これが戦後の哲学にとって、重要な問いの一つであったのだ。

この文脈で、中国哲学もまた読み直されていった。その中でも重要なのはロジャー・エイムズの議論で、human beingというよりはむしろhuman becomingとして、中国の人間観を理解するというものだ。「人間は人間的になってゆく」。たとえば、その例として、孔子が発明した仁という概念を考えてみればよい。これは古代中国において革新的な考えであったが、まさに「人間は人間的になってゆく」というメッセージを体現したものであった。現代哲学の課題と古代中国哲学はこうして出会ったのである。

ピュエットの議論も、こうした大きな文脈において理解すると、よりわかりやすいだろう。この本の鍵概念は礼であるが、その礼を実践すると「人生が変わる」。それは、自分自身が変わることで「新しい現実を作り出す」ということであり、結局は「人間は人間的になってゆく」ということにつきる。米国の学生とりわけハーバードのような大学で学ぶ若者がピュエットの議論に関心を寄せるのは、このような哲学的議論の背景からであり、存在ではなく人間的になるということに目を向けさせられるからである。

3　かのようにの礼

ピュエットは孔子について語るときに、仁と礼とを重ねあわせて論じている。仁であることはすなわち礼を実践することなのだ。そのことが典型的に現れているのが、『論語』顔淵《がんえん》篇にある言葉だ。

顔淵が仁について尋ねた。

子が言う。「自己に打ち克って礼に復帰することが仁である。一日でも自己に打ち克って礼に復帰すれば、天下の人々はその仁に帰服する。仁であることは自己によるもので、他人によることではない」。

『論語』の中で、孔子は仁について様々に異なる定義をしている。そのなかでも、最も信頼していた高弟の顔淵に答えたこの定義は重要なものだ。わたしたちは通常、礼という儀礼は形式的で退屈なものだと考えている。それよりも重要なことがきっとあるはずだ、と。ところが、孔子は、つまり仁という新しい概念を発明した哲学者は、そう考えなかった。「自己に打ち克って礼に復帰すること（克己復礼）」、すなわち形式的で退屈な礼に深く立つためには、「自己に打ち克つ」努力を重ねることが大切だと考えたのである。

ピュエットに感心させられるのは、仁と礼の具体例の挙げ方だ。

わたしたちは真実というものを重んじるが、実際は、親しい者同士は、しょっちゅう罪のないウソをついて新しい現実を築いている。「あなたって最高」、「心配しなくていいんだよ」、「こんなにおいしい料理、生まれてはじめてだ」などがそうだ。なかでもよく使われるのは、「愛してる」だ。口癖のようにこの台詞を交わしているカップルも、おそらく年がら年じゅう心からの愛を感じているわけではない。まずまちがいなく、時には相手に対していろいろ複雑な感情もいだくはずだ。しかし、「愛してる」と口にする礼によって、現実から離脱してどの瞬間も互いに心から愛し合っているかのようにいられる空間へ行き、二人の関係をはぐくむことには大義名分がある。カップルが〈かのように〉の愛を口にする瞬間、二人は本当に相手を愛しているのだ。（本書、六一頁）

「愛してる」。孔子もまた「仁は人を愛することだ」と述べている（『論語』顔淵篇）ので、当然と言えば当然の具体例ではあるが、それが現代の文脈に置かれると実に親近感がわいてくる。カップルが「愛してる」と言うのは、本当に愛しているかどうかを確かめ合っているのではない。それは野暮なことだ。重要なことは、本当に愛しているかのように「愛してる」と語ることなのだ。これが現代の礼である。その礼を実践することこそが、本当に愛していることにほかならない。

もう一つ重要なのは、祖先祭祀である。

孔子にとって、祖先祭祀はそれをとりおこなう人におよぼす効果という点で、おろそかにできないものだった。儀礼行為が本当に死者に影響を与えたかどうかを問うことは、まったくの的はずれだ。家族が供物を捧げる必要があったのは、祖先がそこに

いるかのようにふるまうことで家族たちの内面に変化がもたらされるからだ。（同、五三頁）

ここでも同様に、死んだ祖先が本当に存在しているかどうかが重要ではない。「祭ること在《いま》すがごとくし、神を祭ること神在すがごとくす」（『論語』八佾篇）というように、祖先がまるでいるかのように考えて、祭祀を行うことが重要なのだ。それによって、家族のあり方がよい方向に変容してゆくのである。

それ以外にも、子どものごっこ遊びが具体例として引かれている。子どもたちはそれが現実ではないことをよく理解している。しかし、真剣にごっこ遊びをすることで、自らを磨き、変容させてゆくのだ。

こうした具体例を通じて、ピュエットが強調しているのは、人間が自己を変化させ、よりよく人間的になるためには、かのように振る舞う礼の実践が不可欠だということだ。それは現実をはみ出す次元でありながらも、現実を変えていく力をもつ。礼は、決して強力な規範ではなく、日常にとどまるささやかな規範だ。しかし、それは、今日考えられうるよりましな規範なのである。

わたしたちはここに、ハンス・ハイフィンガー『かのようにの哲学』（一九一一年）や、それに影響を受けた森鷗外『かのように』（一九一二年）のエコーを聞き取ることもできるだろう。そして、次の文章が、ピュエットの結論である。

人生の脈絡や複雑さを凌駕《りょうが》する倫理的、道徳的な枠組みはない。あるのはわずらわしい現実世界だけで、わたしたちはそのなかで努力して自己を磨く以外ない。ありきたりの〈かのように〉の礼こそ、新しい現実を想像し、長い年月をかけて新しい世界を構築する手段だ。人生は日常にはじまり、日常にとどまる。その日常のなかでのみ、真にすばらしい世界を築きはじめることができる。（同、七八頁）

4　礼を語る倫理的文脈

こうした主張の背景に、さきほど言及した哲学的文脈のほかに、倫理的文脈があることも指摘しておきたい。ピュエットが挑んでいるのは、プロテスタンティズムの倫理とりわけイマヌエル・カントの定言命法という強い規範である。その際念頭に置かれているのは、「人間愛からなら嘘をついてもよいという誤った権利に関して」（一七九七年）のカントである。このなかでカントは、人殺しが友人を追いかけてきて、その友人を匿った人が嘘をついてもよいかという状況でも、「あらゆる陳述において誠実（正直）であるということは、神聖で、無条件的に命令する理性命令であって、この命令は、どのような都合があろうとも、それによって制約されるものではない」（『カント全集』第十六巻、理想社、一九六六年、二二〇頁）と断言していた。

それに対して、ピュエットは孔子を持ち出して、「おそらく孔子なら、困っている友人を助けるためにできることは一つしかないと思い出させてくれる。こまやかな感覚を働かせて、友人がなにに本当に困っているのかを理解することだ」（同、七二頁）と批判する。状況に応じた倫理的判断こそが、定言的で無条件的な倫理的判断よりもずっとよいというのだ。それは、かつての神という強力な超越者に担保された倫理でもなければ、理性的な人間という神の似像に基礎づけられた倫理でもない。そうではなく、断片化された世界をなんとかつなぎ合わせようとする、弱い人間が辛うじて頼ることのできるような、弱い規範としての倫理なのだ。

ピュエットは、礼について、それが感情を様式化する規範だということを繰り返し語っている。つまり、倫理とは神でもなく、理性でもなく、不安定な感情そして身体に基づくほかはないと述べているのだ。

これにはすぐさま、倫理にとって不可欠な普遍性に欠けているのではないか、という批判が可能であろう。しかし、ピュエットが問うている倫理が、上からの垂直的な普遍性として与えられる大文字の倫理ではなく、下からの水平的な普遍性として育んでいく小文字の倫理だとすればどうだろうか。それは、現代での徳倫理の議論や役割倫理の議論とも重なるもので、強力な主体としての人間から始めるのではなく、他者とともにあり、他者とともに変化をしていく人間から始めるというものなのだ。ひょっとすると、それはhuman co-becomingの倫理といってもよいものかもしれない。

このことは、ピュエットがもともと人類学を専攻していたことと深く関わっている。他者に向かう人類学は、他者の側からその視線の権力性を批判され返すようになった。クリフォード・ギアツが言う「文化戦争」が生じていたのである。ピュエットもまた、そのことには極めて敏感であった（詳細は、拙論「マイケル・ピュエット――中国哲学の現在地」、『中国――社会と文化』第三十二号、二〇一七年を参照）。ここでピュエットが選択したのは、西洋的な概念をただ当てはめることではなく、中国的な概念を洗練し、それを現代の学問的文脈でも通用するように鍛え上げる道であった。それは、インドの人類学を専門とするヴィーナ・ダスの言う「在来の理論indigenous theories」の尊重である。それは、西洋的な概念で切ってみせるのではなく、土地に根差した概念をあらたに開いていくべきだという主張である。礼という弱い規範は、このような背景から鍛え直されて登場したのである。

その上で、ピュエットはその教育を通じて、礼を学問の現場で実践してみせる。ゼミでの沈黙は、「文化戦争」に至るような垂直的な人間関係（人類学者とその対象、教師と学生）を変容させて、「在来の理論」を尊重する新しい現実を作り上げようとするものであったのだ。

そうであるならば、ピュエットが問いかけるものは、日本の読者にとっても極めて重要な意味を持つことがわかるだろう。「在来の理論」の可能性を丁寧に追求することが、今日の学問の最前線で問われている以上、日本がこれまで積み重ねてきた、中国哲学の諸概念の洗練の歴史にもまた新たな光を当てられるからである。礼を通じて、人間が人間的になってゆく。日本の読者は、さて、どのように応答するのだろうか。

邦訳版の白文、書き下し文は、『論語』（金谷治訳注、ワイド版岩波文庫、二〇〇一）、『郭店楚簡の思想史的研究　第二巻』（東京大学郭店楚簡研究会編、東京大学文学部中国思想文化学研究室、一九九九）、『孟子（上・下）』（小林勝人訳注、ワイド版岩波文庫、一九九四）、『老子』（蜂屋邦夫訳注、ワイド版岩波文庫、二〇一二）、『荘子（全四冊）』（金谷治訳注、ワイド版岩波文庫、一九九四）、『新釈漢文大系（四三）　管子中』（遠藤哲夫著、明治書院、一九九一）、『新釈漢文大系（五・六）　荀子　上・下』（藤井専英著、明治書院、一九六六・一九六九）、『荀子（上・下）』（金谷治訳注、岩波文庫、一九六一・一九六二）を底本とし、一部、文字づかいや語句を変更した。

参考文献と推薦図書

本書で取りあげた多くの書物は、非常に長い期間にわたって、さまざまな方法でさまざまな編者によって編纂されてできあがったものと考えられている。しかし歴史を通じて、それぞれの書物は、書名になっている一人の思想家による思想をあらわした、ひとまとまりの書物として読まれ、論じられてきた。読みやすさの観点から、わたしたちもこの伝統にのっとり、おもだった思想家の名前を用いた。たとえば、「『孟子』の本文によれば……」とするかわりに、「孟子によれば……」と書いた。

以下の優れた選集には、本書の思想家がほとんど取りあげられている。

Philip J. Ivanhoe and Bryan W. Van Norden, eds., *Readings in Classical Chinese Philosophy* (Indianapolis: Hackett, 2005).

全訳（英語）なら以下を推薦する。

Burton Watson, trans., *The Complete Works of Zhuangzi (Translations from the Asian Classics)* (New York: Columbia University Press, 2013).

D. C. Lau, trans., *The Analects* (New York: Penguin Books, 1979).
Mencius (New York: Penguin Books, 2005).
Tao Te Ching [by Lao Tzu] (New York: Penguin Books, 1985).

Harold D. Roth, *Original Tao: Inward Training (Nei-yeh) and the Foundations of Taoist Mysticism (Translations from the Asian Classics)* (New York: Columbia University Press, 2004).

世界じゅうで哲学が生まれた時代

【さらに詳しく知るために】

Jared Diamond, *Guns, Germs, and Steel: The Fates of Human Societies* (New York: W. W. Norton, 2005).［ジャレド・ダイアモンド『銃・病原菌・鉄—— 一万三〇〇〇年にわたる人類史の謎（上・下）』（倉骨彰訳／草思社／2000)］

Ian Morris, *Why the West Rules—for Now: The Patterns of History, and What They Reveal About the Future* (New York: Farrar, Straus and Giroux, 2010).［イアン・モリス『人類5万年文明の興亡——なぜ西洋

が世界を支配しているのか（上・下）』（北川知子訳／筑摩書房／2014）］

毎日少しずつ自分を変える――孔子と〈礼〉〈仁〉

【より広い哲学的な観点から見た〈かのように〉について】

Hans Vaihinger, *The Philosophy of 'As if': A System of the Theoretical, Practical and Religious Fictions of Mankind*, translated by C. K. Ogden, 2nd ed. (New York: Harcourt, Brace and Company, 1935).（Hans Vaihinger, *Die Philosophie des Als Ob*, 1911）

Adam B. Seligman, Robert P. Weller, Michael J. Puett, and Bennett Simon, *Ritual and Its Consequences: An Essay on the Limits of Sincerity* (New York: Oxford University Press, 2008).

【「お願い」と「ありがとう」について】

David Graeber, *Debt: The First 5,000 Years* (Brooklyn, NY: Melville House, 2011).

強くなるために弱くなる――老子と〈道《タオ》〉

【リンカーンについて】

Garry Wills, *Lincoln at Gettysburg: The Words That Remade America* (New York: Simon & Schuster, 1992).［ゲリー・ウィルズ『リンカーンの三分間――ゲティズバーグ演説の謎』（北沢栄訳／共同通信社／1995）］

【大統領の敬礼について】

Garry Wills, *Bomb Power: The Modern Presidency and the National Security State* (New York: Penguin Books, 2010).

まわりを引きつける人になる――『内業』と〈精〉〈気〉〈神《しん》〉

【自己神格化について】

Michael J. Puett, *To Become a God: Cosmology, Sacrifice, and Self-Divinization in Early China* (Cambridge, MA: Harvard University Asia Center, 2002).

「自分中心」から脱却する――荘子と〈物化《ぶつか》〉

【フローについて】

Mihaly Csikszentmihalyi, *Flow: The Psychology of Optimal Experience* (New York: Harper & Row, 1990). ［M・チクセントミハイ『フロー体験 喜びの現象学』（今村浩明訳／世界思想社／1996）］

「あるがまま」がよいとはかぎらない――荀子と〈ことわり〉

【手洗いについて】

Sherwin B. Nuland, *The Doctors' Plague: Germs, Childbed Fever, and the Strange Story of Ignàc Semmelweis* (New York: W. W. Norton, 2003).

本書は、二〇一六年四月に早川書房より単行本
として刊行された作品を文庫化したものです。

ハーバード式「超」効率仕事術

Extreme Productivity

ロバート・C・ポーゼン

関　美和訳

ハヤカワ文庫NF

メールの8割は捨てよ！　昼寝せよ！
手抜き仕事を活用せよ！

ハーバード・ビジネススクールで教鞭をとりつつ、世界的な資産運用会社MFSの会長を務め、さらに本や新聞雑誌の記事を執筆し、家族との時間もしっかり作ってきた著者。その「超」プロフェッショナルな仕事効率化の秘訣を、具体的かつ実践的に紹介する一冊！

あなたの人生の意味（上・下）

The Road to Character

デイヴィッド・ブルックス
夏目大訳

ハヤカワ文庫ＮＦ

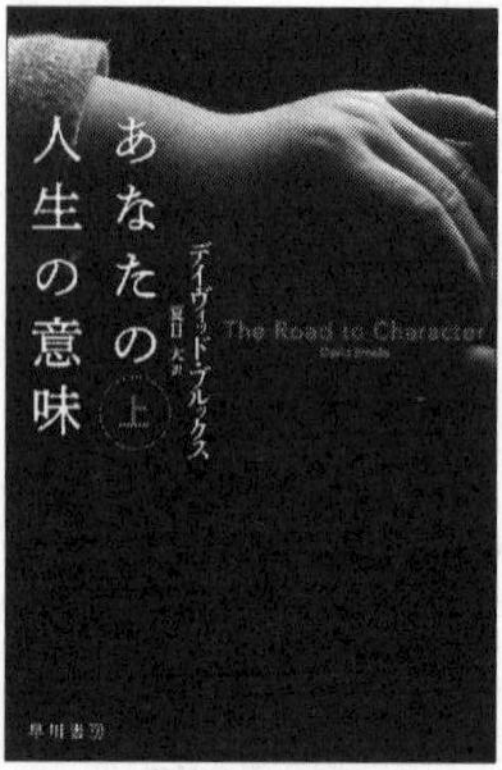

履歴書に書ける立派な経歴と、葬儀で偲ばれる故人の人柄。本当に大切なのは後者だが――《ＮＹタイムズ》の名コラムニストが偉大な男女一〇人の生涯を通して「生きる意味」を問い直す。ビル・ゲイツが感嘆し、《エコノミスト》誌で年間ベストに選ばれた大人のための『君たちはどう生きるか』。　解説／会田弘継

SCARCITY

いつも「時間がない」あなたに——欠乏の行動経済学

センディル・ムッライナタン＆エルダー・シャフィール
大田直子訳
ハヤカワ文庫ＮＦ

天才研究者が欠乏の論理の可視化に挑む！

時間に追われ物事を片付けられない。収入はあるのに、借金を重ねる。その理由には金銭や時間などの〝欠乏〟が人の処理能力や判断力に大きく影響を与えるという共通点があった……多くの実験・研究成果を応用した期待の行動経済学者の研究成果。解説／安田洋祐

マシュマロ・テスト
——成功する子・しない子

The Marshmallow Test
ウォルター・ミシェル
柴田裕之訳
ハヤカワ文庫ＮＦ

目の前のご馳走を我慢できるかどうかで子どもの将来が決まる？　行動科学史上最も有名な実験の生みの親が、半世紀にわたる追跡調査からわかった「意志の力」のメカニズムと高め方を明かす。カーネマン、ピンカー、メンタリストＤａｉＧｏ氏推薦の傑作ノンフィクション。解説／大竹文雄

訳者略歴　大阪教育大学卒，コロラド大学大学院で修士号取得　翻訳家　訳書にギルバート『明日の幸せを科学する』，アリエリー『予想どおりに不合理』（早川書房刊），ヘーリングほか『人はお金だけでは動かない』など多数

HM=Hayakawa Mystery
SF=Science Fiction
JA=Japanese Author
NV=Novel
NF=Nonfiction
FT=Fantasy

ハーバードの人生《じんせい》が変《か》わる東洋哲学《とうようてつがく》
悩めるエリートを熱狂させた超人気講義

〈NF525〉

二〇一八年六月二十五日　発行
二〇一九年四月二十五日　九刷　（定価はカバーに表示してあります）

著　者　マイケル・ピュエット
　　　　クリスティーン・グロス＝ロー
訳　者　熊《くま》谷《がい》淳《じゅん》子《こ》
発行者　早川　浩
発行所　株式会社　早川書房
郵便番号　一〇一－〇〇四六
東京都千代田区神田多町二ノ二
電話　〇三－三二五二－三一一一（大代表）
振替　〇〇一六〇－三－四七七九九
http://www.hayakawa-online.co.jp

乱丁・落丁本は小社制作部宛お送り下さい。
送料小社負担にてお取りかえいたします。

印刷・中央精版印刷株式会社　製本・株式会社川島製本所
Printed and bound in Japan
ISBN978-4-15-050525-7 C0110

本書は活字が大きく読みやすい〈トールサイズ〉です。